初中英语
教学与备课策略研究

黄宇明名教师工作室教育文集

黄宇明 / 主编

东北师范大学出版社

长 春

图书在版编目（CIP）数据

初中英语教学与备课策略研究：黄宇明名教师工作
室教育文集 / 黄宇明主编. — 长春：东北师范大学出
版社，2020.4
ISBN 978-7-5681-6347-7

Ⅰ.①初… Ⅱ.①黄… Ⅲ.①英语课—教学研究—初
中—文集 Ⅳ.①G633.412-53

中国版本图书馆CIP数据核字（2020）第062214号

□策划创意：刘　鹏
□责任编辑：邓江英　李爱华　　□封面设计：姜　龙
□责任校对：刘彦妮　张小娅　　□责任印制：张允豪

东北师范大学出版社出版发行
长春净月经济开发区金宝街 118 号（邮政编码：130117）
电话：0431-84568115
网址：http：// www.nenup.com
北京言之凿文化发展有限公司设计部制版
廊坊市金朗印刷有限公司印装
廊坊市广阳区廊万路 18 号（邮编：065000）
2022年6月第1版　2022年6月第1次印刷
幅面尺寸：170mm×240mm　印张：12.75　字数：230千

定价：45.00元

编 委 会

遇到好老师是一种幸运

欣闻黄宇明老师的新书《初中英语教学与备课策略研究——黄宇明名教师工作室教育文集》即将付梓，作为本书编辑，很荣幸受邀为其作序。

第一次拿到黄老师工作室教育文集的稿件，第一感觉是"乱"，为什么这么说？主要源于该书"内容多""信息量大""未分类"……需要编辑用心挖掘整理才行。好在"酒香不怕巷子深""真金不怕火来炼"，随着我对稿件内容的不断深入了解，读着一篇篇实用且有效的教学与备课策略，我深感黄老师和她的团队对工作的认真，对工作的专注，对工作的细致。尤其是他们在学生英语兴趣的培养和创新以及高效教学的方法一直在坚持不懈地努力着，并走出了一条适合学生学习英语的可持续发展之路。

正如习近平总书记多次强调的那样：教师重要，就在于教师的工作是塑造灵魂、塑造生命、塑造人的工作。教师在学生心目中是一个精神领袖，学生会对老师的一言一行进行模仿、学习。一个人遇到好老师是人生的幸运，一个学校拥有好老师是学校的光荣，一个民族源源不断涌现出一批又一批好老师则象征民族的希望。应该说，黄老师和她的团队就是在做着这样一件看似平凡实则不平凡的事情——做学生的好老师！

这本教育文集让我了解到，黄宇明名师工作室教师们的学科研究针对性很强！针对"如何使山区学校的初中英语课堂教学更高效"，黄老师和她的团队成员通过深思熟虑，根据山区初中生学习英语的现状，从自身做起，身体力行，克服一切困难，为找到更好的教学方法，更好地进行英语课堂教学，激发学生学习英语的兴趣，提高学生学习英语的能力，提高山区整体初中生的英语水平而不断上下求索。最终找到解决方法。针对山区中学英语听力教学中存在的问题及对策，黄老师及其团队成员认为：山区教师在英语听力教学过程中必须克服思想认识上的误区，克服困难，不受自然条件影响，树立"以学生为中心""分层次、个性化、自主式"的教学理念，在课堂及课外教学中，抓住一切训练学生英语听力的机会，创设良好的语言环境，遵循听力教学的内在规律，选择合适的听力材料，力求训练形式多样化，并保证在教学时间上进行实操训练，对听力训练做到常抓不懈。只有这样，教师才能逐步培养学生扎实的听的基本功，不断提高学生的听力水平，促使学生全面掌握听、说、读、写综合能力，为学生未来的全面发展奠定坚实的基础。

这本教育文集让我了解到，黄宇明名师工作室的教师们研究出的模式实效性强！面对"00后"这一学生群体，通过研究和实践，黄老师及其团队成员得出了这样的结论：与其"河东狮吼"，不如"春风十里"。两句话，看似轻松，实则不易。春风和冬风的故事想必广大教师都很熟悉，而春风效应对现在"00后"的孩子更为实用。众所周知，班级的主体是学生，核心则是班主任，班主任在班级工作中起着至关重要的作用。那么，班主任在班级管理中如何既能避免使用"河东狮吼"式的班级管理模式，又能营造出"春风十里"的融洽氛围呢？黄老师及其团队成员认为可以从以下几个方面着手：

第一，通过发挥班主任的积极作用，建立民主监督机制，构建民主平等的集体关系；掌握好批评的尺度等民主管理模式，不断调动"00后"学生参与班级事务的积极性和创造性。

第二，做"00后"学生的"导师""益友"，成为他们的"知己良朋"。

第三，尊重"00后"学生，平等、真诚地对待他们，理解、包容他们。

通过实践发现，其成效显著。

这本教育文集让我了解到，黄宇明名师工作室的教师们探索出的教学模式借鉴性和可操作性强！以往一直占据主导地位的英语教学模式——接受式、填鸭式、满堂灌这三种教学方式。随着新课程改革的不断深入，黄老师及其团队成员秉持并践行这样的理念：积极转变传统的教学观念，在英语教学中关注语言知识与语言技能传授的同时，还要凸显学习过程中学生的自主发现、探究，并形成以学生自主、合作、探究为主要特征的教学方式，帮助学生养成良好的心理素质和学习品质，让学生学会学习、学会做人、学会生存，这也是积极培养学生创新人格和创新性学习的一种良好推广方式。同时，黄老师及其团队给出在英语教学中的行之有效、操作性强的方法：

第一，将主动权还给学生。

第二，启发学生进行独立思考。

第三，培养学生的自我调控意识。

第四，引导学生重视评价。

第五，培养小组合作意识。

第六，创设多种合作方式。

第七，营造宽松合作氛围。

第八，科学处理形式整合。

第九，合理进行活动评价。

因为黄老师及其团队成员深深懂得：在当今知识时代，想要掌握任何一门知识，都离不开自主、合作学习。学生只有掌握开启学习和创造之门的钥匙，才能拥有可持续发展的潜力，才能真正自由地进入学习和创造的殿堂。

这本教育文集让我了解到，黄宇明名师工作室的教师们使用的教学手段具有很强的先进性！信息时代涌现出大批信息化技术，这些技术被广泛地应用到了初中课堂教学中。在英语学科方面，一些传统的教学模式已经不再适用，取而代之的是多媒体教学模式。这种教学方式效果很好，广受学生们的喜爱。多媒体技术在山区初中英语课堂教学中的有效运用主要包括以下几点：

第一，利用多媒体丰富课堂，提高课堂教学质量。

第二，利用多媒体提高课堂动态性。

第三，利用多媒体技术培养学生的学习兴趣。

第四，利用多媒体技术解决更多难点。

在英语课堂中结合多媒体技术开展教学后，初中英语课堂教学模式有了全新的发展，顺应了教育部倡导的新课程改革，提出了新的教学目标，更多的教学资源能够被有效利用。山区学生们对英语这门课更容易产生浓厚的学习兴趣，英语知识的掌握能力提高了，学生们的英语综合运用能力也提升了。

这本教育文集让我了解到，黄宇明名师工作室的教师们育人理念导向性很强！著名哲学家雅斯贝尔斯说："教育的本质意味着：一棵树摇动另一棵树，一朵云推动另一朵云，一个灵魂唤醒另一个灵魂。"这就要求每个教育岗位上的工作者都能自觉而有效地去做那棵树、那朵云。明确不论在哪个角落，不论岗位属性如何，如果学生能从自己的举手投足中体味做人做事的本真，我们才有底气说学校是育人的沃土，是成才的摇篮。黄老师及其团队成员认为：初中的班级教育要创新，班主任首先要学会创新，要有创新的思路和落到实处的做法。班主任在进行创新教育时要以"生"为本，要更多地关注学生们的特性，要在适合的育人模式上走创新之路。班主任不仅要重视班级管理制度的合理性和规范性，还要注重学生人文素养的培养，以及他们创新能力的提高。班主任可以给学生们贯彻正确的班级管理理念，让他们在日常行为规范中树立正确的人生观、价值观和世界观。班主任应制定合理的管理制度，以提高学生的自律能力；同时，要给广大学生营造一个良好的课堂文化氛围。总之，初中班级管理教育需要进行不断的创新，需要班主任们在以后的班级教育管理中不断地开拓创新思路，真正做到："师者，传道授业解惑也"。

这本教育文集让我了解到，黄宇明名师工作室的教师们争当课堂改革"弄潮儿"的意识很强！针对核心素养观下快乐高效阅读课堂的构建，英语学科核心素养对英语阅读课堂提出了新的挑战——如何从知识点的讲解向文本解读转化，如何从碎片输入向整合化、结构化知识梳理转变，如何从教师单纯的讲解向教师指导下的探究活动转化，如何引导学生自主学习、合作学习；等等。为构建快乐高效的英语阅读课堂模式，让学生在教师的引导下拥有高效的学习能力，同时为使学生尽快适应社会发展，不断提高自身终身学习的能力，黄老师及其团队成员紧密围绕英语学科核心素养对英语阅读课堂提出如下要求：

第一，巧用文本分析，培养学生的语言能力。

第二，构建快乐高效课堂，培养学生思维品质（培养思维品质的抓手——问题引领，培养思维品质的抓手——思维导图）。

第三，合作探究，挖掘文本的文化素养。

第四，建立多元而有层次的过程性、激励性评价制度。

第五，充分利用各方资源，努力提高教师自身的学科（专门）知识。

黄老师及其团队认为，初中英语快乐高效阅读课堂的构建是一个长期的过程，不能一蹴而就，急于求成。初中英语教师应该在核心素养观的指导下认真踏实地做好备课工作，把眼光放长远，追求长远效益，这样才能收到预想的课堂效果，切实提高学生的学习成绩和学习能力，不断提高学生的英语核心素养，促进新课程改革的成功。

同时，为了真正践行"兴趣是最好的老师"这一理念，通过对英语课堂教学的进一步研究和不断探讨，黄老师及其团队成员的课堂呈现新气象：互动教学模式（教师充分利用多媒体资源以及游戏教学、口令教学等形式活跃课堂气氛）多了，创新课堂（"微课""慕课"等新兴产物广受学生欢迎）多了，学生学习英语的兴趣浓了，初中英语课堂教学质量提高了。

这本教育文集让我了解到，黄宇明名师工作室的教师们自我提升、自我总结的意识很强！黄老师和她的团队把教学反思全面融入课前、课中、课后的教学活动中。因为他们深知，教师通过课前反思，可以提升自身的教学能力，为学生提供更加优质的教学服务；在教学中反思，可以在一定程度上提升学生的学习能力，并提高教师的教学质量；在教学后反思，可以帮助教师更好地改进教学方式，探索教学规律，完善课堂教学，实现师生共同发展的目标。基于这样的深刻反思，其课堂教学效果有了一次次质的提升和飞跃。

教学是一门学问，不是三言两语就能够说得通透的，应该落实在具体的工作中。黄老师及其团队成员给我最大的感受是：按照2017版《义务教育英语课程标准》（本书以下简称《英语课程标准》）的要求，树立以人为本的育人观，创造性地设计贴近学生实际的教学活动，吸引和组织学生积极参与，有效引导学生正确获取、处理和使用信息，用英语与他人交流，用英语解决实际问题……

站在21世纪的教育跑道上，黄老师及其团队成员纷纷表示，将一如既往地呵护关心学生，与学生一起成长。他们始终坚信，班主任要针对学生存在的个性差异"对症下药"，真正做到因人而异、因材施教。要在坚定自己立场的前提下，与学生建立亦师亦友的关系，从"独奏者"的角色过渡到"伴奏者"的角色，帮助学生去发现、组织、管理，并引导他们、陪伴他们，和他们一起成长。

寇蒂斯①曾说："书籍乃世人积累智慧之长明灯。"愿每一位读者都能与好书为伴，成为智者；愿每一位读者都能与好老师相遇，成为幸运儿。愿黄老师与其团队成员不忘初心、继续前行，为我国的教育事业不断增砖添瓦。

本书编辑

2019年3月

———————————

① 格伦·哈蒙德·寇蒂斯（1878—1930年）美国航空先驱、飞行家、著名飞机设计师，生于美国纽约州海蒙德斯港。

　　本书内容遴选自黄宇明工作室自成立以来团队成员们在教育教学中撰写的教学设计、教学实录以及教学反思、教学论文、教学成果等，紧紧围绕初中英语教学与备课策略进行选辑，主要分为上下两篇。其中，上篇包含，工作室成员通过对英语教学的实践的研究思考，总结出的相关指导性策略教学研修论文17篇；下篇精选工作室成员教学工作中研究的教学应用案例15篇。希望这些高效备课与应用实例，能为广大教师提供了较好的参考价值。

　　黄宇明名教师工作室自2014年成立之初，确立了"携手共进、众行致远"的工作室团队信念和相互学习、教学相长、共同发展的团队理念。在此基础上，工作室紧密围绕以下五个方面开展核心工作：第一，加强核心素养，提高理论水平；第二，立足课堂教学，形成教学风格；第三，开展课题研究，提高教研水平；第四，发挥示范作用，追求辐射效应；第五，搭建交流平台，共享教育智慧。

　　本书基于工作室理念的和团队结构，充分展示了工作室主持人由云浮市名师工作室到广东省名师工作室的发展历程。汇编收录的部分文章，展示了在领衔名师的带领下，工作室成员进行专业理论学习，分层次多方面开展课例研究，切实解决英语教育教学中的实际问题，提高课堂教学效率的丰硕成果。工作室定期开展集体备课、集体磨课、集体议课，集体研讨，推出一系列的精品课、优质课等课堂改革，使全体工作室成员在学习中不断提升自己，使每一个成员的自身专业水平和教学实践能力都得到提高。

　　本书从方方面面展现了一个团队的科研氛围、教研能力以及合作进取的精神，具有很强的实用性、可操作性以及很好的借鉴作用，希望能给读者以启迪，对教师在专业素养提炼，专业成长上有所帮助。

编　者
2019年3月

上 篇　**教学研究与策略**

下 篇　高效备课与应用

激发兴趣，讲究方法

——浅谈英语教与学的一点心得体会

罗定市廷锴纪念中学　黄宇明

　　从开始学英语到从事英语教学，我接触英语已经有30多年了。在此期间，我了解到许多人对英语学习都存在很多困惑，诸如，学生如何才能学好英语？教师怎样教学生学好英语？在此，就个人的学习经历以及教学体会，我谈几点看法，以求教于方家。

　　现在的学生多数是为了应付考试。学生是在被动地学习，所以学习定然是枯燥乏味，效果欠佳的。怎样才能让学生喜欢学英语，爱上学英语，进而提高英语成绩呢？

　　首先，我认为最重要的是培养学生的兴趣。教育家孔子说过："知之者不如好之者，好之者不如乐之者。"俗话说："兴趣是最好的老师。"学生只有对这个学科感兴趣，爱上这个学科，才会有动力把这个学科学好。我们作为英语科任教师要从多方面入手去培养学生学习英语的兴趣。可以在课堂或课外活动中开展一些简单的、有趣的、以及英语有关的游戏活动，如唱英语歌、填单词比赛、猜谜、背诵、演讲、英语书法比赛等，吸引学生的注意力，激起学生学习英语的兴趣。还可以每周举行一次"Happy English Day"活动，每周固定一天指导学生看有意义的英语短片，引导学生这一天，无论是在教室里，还是在宿舍里都尽量用英语与老师和同学交流。让学生把学英语变成他们喜欢的事情，让学生在生活、学习中寻到学英语的欢乐，在欢乐中找到学英语的兴趣，学生便会爱上学英语。

其次，培养学生的恒心。英语作为一种语言，从掌握到熟练运用需要一个漫长的过程，就像一个人不可能通过三五天的好吃猛吃，就能长得膀大腰圆一样，英语学习也是贵在坚持的。学习英语还有一个积累沉淀的过程，积累到一定程度才能突然提高。英语学习的整个过程还有一个似乎没有变化的阶段，这就是英语学习中所谓的"高原效应"。在最初的三个月甚至半年的时间，你都可能感受不到英语成绩的提高，这时，学习者最容易失去学习的动力甚至想放弃学习。这需要有一种坚毅的信念支撑才能够坚持下去，而只有坚持下去才能收到成效。学英语的人都知道，英语跟其他学科不同，有其自身的学科特点，好的英语是读出来的，不是做出来的。既然好的英语是读出来的，那就更不能三天打鱼，两天晒网了。读既包括朗读也包括阅读，更需要一个很长的积累过程才能看见效果，所以如果不努力，又没有恒心，是不能学好英语的。在一定程度上，英语的学习效果与所花时间成正比，所以一定要每天坚持，持之以恒，最终才能学好英语。

最后，需要强调的是学习英语的方法。很多英语初学者都喜欢问学好英语的窍门，其实学习英语没有"速成"之说，学好英语也没有捷径，只有学习方法好坏和学习方式是否灵活区别。好的方法还要与听、说、读、写紧密联系起来，才能收到好的效果。

方法一：强调朗读和背诵的重要性

现在的学生学的大多是哑巴英语，只会书面做题，不会口头表达。少说、少读导致学生明显缺乏语感。何谓语感？语感就是对语言的一种直觉。一个人讲话像不像地道的表述或一篇文章写得是否符合规范的英文表述，我们能直接觉察到，这就是语感。缺乏语感，导致很多学生即使做了大量的笔头练习也无法提高英语成绩。语感不是天生的，是在学习中逐步培养并形成的，朗读和阅读如果没有一定量的积累，就难以建立起语感。而没有语感，读文章就很费劲，尽管每个语法都明白，每个单词都认识，但仍然不能从整体上把握一篇文章的主旨。做题也总是犹豫不决，很难判断到底哪个才是最佳答案。

要想学好英语一定要坚持每天大声朗读20～30分钟，读书本中或好的范文3～5遍。要带着理解去读，而不只是为读而读。背诵一些好的文章或好词佳句的目的是培养语感，只有具备了语感，才能在做习题时不假思索，下意识地写出正确答案。而且，当你熟练朗读几十篇文章后，很多常用句子就会不自觉地脱口而出，所谓"用英语思维的方式"也会悄然而至。

方法二：注重阅读、精读和泛读同时进行，范围要广

对于一些精彩的文章，要仔细学习和消化，不但要借助于词典等工具对其中的主要词语、句型、语法进行透彻的分析，还要细细揣摩文章的组织结构及其言外之意和弦外之音。这也就要求精读选择的量不仅要大，还要"精"。在阅读的时候，要有意识地提高速度，不要因为个别单词不懂就停下来，关键是理解整句意思、整段意思。所谓"泛"，就是大面积地广泛阅读，快速阅读时，可以选择生词量较小、篇幅较短的文章；而侧重点在扩大词汇量、拓宽视野时，阅读训练可选择英美报纸杂志等，既能培养了语感，又能增加文化背景知识，这样才能达到扎实提高英语水平的目的。长期坚持阅读，才能真正地进入英语世界；阅读能力提高了，词汇、语法、句型及文化背景等问题也就迎刃而解了。

方法三：侧重听说训练

从最简单的听力训练入手，听懂每个单词、每句话、每段话及每篇文章；再逐步增加难度，达到一定水平，对所听到的内容进行复述，训练口头表达的能力。多跟读英语单词、句子，注意发音的准确性。看英文电影、收看英语电视节目、听英文歌曲、在某些特定场景学习英语都是很棒和很生动的英语学习方式，既可以把所学英语与某些特定的场景联系起来加深记忆，也可以提高听力。做听力练习要注重内容大意，而不要力求听懂每一个词，不要在单个词上浪费太多时间。要密切注意听力材料中的句子去猜测情境，注意转折的词以便正确把握说话人的态度，提高答题正确率。

方法四：加强写的训练

在听、说、读等能力逐步提高的基础上，只要加强书面表达的训练，写的能力同样会得到提高。开始时可先用短语造句，再用上一些连词把简单句连在一起，然后逐步使用各种类型的复合句整合简单句，最终过渡到写完整的篇章。最好每周写一篇或两篇英文日记或作文。跟同学和朋友交流可用英语写信或邮件，写的时候注意语法的应用和词汇的记忆。

英语是一门语言，学好一门语言是一个长期的积累过程。在这个过程中，教师要让学生于苦中感受欢乐，从被动变主动，从"要我学"转变为"我要学"，将听、说、读、写这几方面进行环环相扣、紧密关联，做到多读、多记、多讲、多写。只要同学们有恒心和毅力，并能够持之以恒地去做，就一定能达到事半功倍的效果。

初中学生学习方法指导改革研究

罗定市廷锴纪念中学　黄宇明

在指导学生学习过程中，教师需要关注学生具体的学习环节，并使之形成良性的循环。教师需要选择合理的学习环节以及步骤，进而系统地总结出符合学生特点的英语学习方法，为学生传输有效的知识内容，让学生熟练地运用相应的知识。如此一来，不仅可以提升学生的成绩，还可以让学生形成独立学习以及自我反省、鞭策的能力，让他们适应当前的时代发展要求。

一、初中学生英语学习方法指导需要遵循的原则

1. 操作性原则

所谓的英语学习方法实际上属于特别的操作技能，有着一定的外部特点。要想让学生真正地掌握有效的英语学习方法，就需要进行全方位系统的训练，让学生达到技巧化以及主动的程度。教师在指导中需要关注学习方法的应用，不仅要关注方法本身，让学生熟练操作并且学以致用，而且在开展方法练习的过程中，要尽可能地结合学科的内容，让学生在实际应用中学会灵活运用。

2. 系统性原则

想要达到指导英语学习方法的目的，需要寻求家庭的配合。英语教师和班主任需要协调一致，共同引导学生的学习。另外，教师需要对学生进行系统化和全过程的指导。学习的各个环节是相互限制的，教师需要关注这些环节，相应的指导也需要渗透以及细化到各个环节。

二、初中学生英语学习方法指导改革策略

1. 引导学生养成良好的习惯

学习习惯属于学习活动中的行为。良好的学习习惯能更好地支配学生的学习行为，是学生在社会中自我发展和终身学习的基础。学生学习缺乏兴趣，脱离生活实际；只关注书面作业，轻视口头作业，只重视做题轻视在学习中的反思，只关注课堂学习轻视课下学习等等。这些不良的学习习惯都在一定程度上影响了学生的学习主动性，并限制了学生个性的发展。所以，为了让学生形成良好的学习习惯，让他们成为学习的主人，教师需要加强对学生学习态度的引导，并根据学生的层面构建学习小组。在英语学习中，需要让学生多动脑、动嘴、动手，让学生产生自己的想法。在记忆单词的过程中，有些学生一个字母一个字母地记，没有根据音标、音节进行记忆，这种方法效率较低。对于这种情况，教师要让学生掌握正确的记忆方法，通过应用词块加强记忆，利用近形和近义的词进行记忆，通过词形、词性比较和辨析，提升记忆效果。

2. 指导学生掌握英语学习方法

指导学生掌握英语学习方法，这是培养学生学习能力的关键点，是学习指导的关键内容。有效的英语学习方法是完成英语学习任务的有力工具。具体的学习指导需要关注学生对学习规律的掌握，同时要符合学生的学习特点。教师需要根据学生的知识水平以及学习现状，关注学生自主学习的情况，灵活使用这两方面的指导策略。教师可以指导学生把英语知识应用到实际生活中，在各种生活情境下使用英语。教师可以让学生把自己的生活经历通过写日记的方式进行记录，并合理地安排造句训练，让学生使用单词、短语、句型进行造句，巩固学过的英语语法以及单词、短语及句型等。

在指导学生英语学习方法方面，教师要让学生学会再现、深化、整理和提炼学到的知识，并构建知识架构，这是关键的学习对策。教师需要培养学生的反思能力，不能急于求成，要让学生逐步提升这方面的能力，并且随着学生思维能力和知识水平的提升，他们对课堂上、作业方面以及测试练习等方面的

反思也会更加深刻和全面。

三、结语

本文探讨了初中学生英语学习方法的指导思路，并根据教学实践提出了几个方面的对策，希望能为相关教师提供参考。

参考文献

［1］张莉.关于初中英语课堂教学时效性的探究［J］.中学英语园地（教学指导）.2012（06）.

［2］胡芳.对初中英语课堂教学的探索［J］.考试周刊.2011（86）.

［3］蒋荣.初中英语课堂教学优化浅探［J］.文理导航（下旬）.2011（7）.

基于朗读策略的初中英语语感培养心得研究

罗定市廷锴纪念中学 黄宇明

受传统教学理念的影响，多数初中英语教师在进行教学时，都会存在过分重视学生考试成绩的情况。这种情况的出现导致学生语言能力无法得到综合发展。据调查，我国初中生学习英语的现状是，多数学生具有优异的考试成绩以及丰富的语法知识，但是口语表述能力极差。而我们为学生提供英语学习的目的却是希望学生可以掌握语言技能，提升语言的运用能力，所以这种现状与教学目的是不相符的。

一、语感培养的形成条件

首先，语言学习是一个漫长且复杂的过程，加之初中生还没有形成完善的语言系统，所以教师应给予其极大的耐心进行引导；其次，语感的培养需要大量的知识沉淀，大量朗读、阅读的积累，因此在日常教学中，教师应为学生提供足够的阅读材料；再次，语感的形成离不开语言环境，所以教师在讲课时应尽量为学生提供合适的语言环境及给学生锻炼的机会；最后，对于培养语感来说，学生的自觉性和主动性是关键因素，因此，学生自身应该具备"我想学""我想读"的意识。

二、教师主导的语感培养方式

1. 课堂互动，激发学生参与兴趣

传统的教学模式是教师为主体的师生授受。所谓师生授受，就是教师通过教材为学生讲解知识，学生只需坐在讲台下认真听讲，记录笔记即可。由于这种教学模式能够帮助教师维持课堂秩序并加快课堂进度，因而被大部分教师所采用。但是，该教学模式存在一定的弊端。教师在课堂中使用这种教学模式，会减少与学生之间的互动，使得学生失去口头表述训练的机会，久而久之，学生就会对英语学习产生懈怠心理，甚至抵触学习。此外，英语教学与其他学科教学不同，英语教学不注重学生对理论知识的掌握，而注重学生是否能够将其熟练运用。俗话说，熟能生巧，但是学生得不到操练，自然无法提高自己的语感。因此传统的教学方式对英语教学并不适用。教师应对实际课堂情况进行分析，优化自身教学模式，使得这种情况得到缓解。

教师可以通过多媒体与朗读相结合的方式帮助学生提高英语学习兴趣。例如，当教师在讲解课文时，可以提前通过网络将教学音频导入U盘。然后在上课时，教师可以先带领学生阅读单词，当学生对其有一定了解后，教师可以通过多媒体设备播放单词的音频，并要求学生回想听到单词的意思及其拼写。当此教学环节结束后，教师可以要求学生自行阅读课文，并圈点出不认识或不会读的单词。此时教师可以通过多媒体设备播放课文音频，并要求学生一起朗读，模仿音频中的语音、语调，使学生得到更多的练习。

2. 中英文对比，培养学生语感习惯

初中英语教学内容与小学英语教学内容不同。初中英语教学中课文较长、词语较多以及对话注重情境，学生在初中以前并未接受过此类型的课程，所以初中在学习英语时会出现比较吃力的情况。同时，由于初中英语单词的难度提升，学生一时间无法记住所有单词，在学习过程中会下意识地寻求单词表的帮助，这种情况会大大浪费课堂时间，进而延误课堂进度。此外，学生由于对汉语存在较强的依赖性，所以无法培养英语口语能力。此时教师可以通过朗

读的形式进行优化。

举例说明，当教师在讲解"travelling"的相关知识时，可以提前通过网络下载我国各城市的标志性建筑物的图片，在上课时将其展示给学生。教师可以用英语引入课程："Everybody, today we will learn some new knowledge. Did you like traveling? Have you travelled before? And Where did you go ?"（同学们，我们今天要学习一些新知。你们喜欢旅行吗？以前去过旅行吗？去过哪里呢？）值得注意的是，由于初中生的英语能力有限，所以教师在课堂中应该尽可能简化所用单词，以便学生能够听懂，而不会对学习产生抗拒心理。教师在讲英语时，一定要放慢语速，方便学生听清每一个单词的读音，让学生理解明白学生就会踊跃地回答。在这个过程中，教师应该给予学生充分的时间表达，培养学生的思维能力。当学生表述结束后，教师一可以要求学生用中文描述自己去过的城市，并将其写在练习本上。当此教学阶段结束后，教师可以随机抽选学生要求其讲讲自己的"小作文"，然后要求学生将其学过的单词、短词、句型翻译成英文，并由教师将正确答案整理好写在黑板上。最后教师可以带领学生一起朗读黑板上的短篇作文。二可以要求成绩较好的学生直接看图说英语，规定时间和词汇数量。

这种教学模式不仅能够培养学生的语感，还能提高师生间的互动，活跃课堂气氛。由于该篇"小作文"及看图说话内容大部分出自学生的思路以及想法，所以学生会对其有深刻的记忆，进而提高学生的写作能力及语篇理解能力。

3. 创建情境模式，培养学生语感

俗话说："兴趣是最好的老师。"倘若学生对学习无法产生兴趣，那么无论教师做多少努力都是没有用的。所以教师应该优化教学手段，激发学生学习兴趣。

例如，教师在讲解与餐桌礼仪相关的知识时，可以先给学生5～10分钟的预习时间，要求学生将教材中不懂的知识用笔圈出来。随后教师可以让学生提问，并为其解答。当学生对对话知识有一定了解后，教师可以在黑板上写下

"restaurant（饭店）"，然后搬来一张桌子、两把椅子，要求学生三人为一组进行情境演练，以此锻炼学生的语言能力。这种教学模式不仅能够激发学生的表演兴趣，而且能提高学生对礼仪的记忆，为其跨文化交际意识的形成打下基础。

此外，当学生具有一定语言能力后，教师可以适当提高情境对话的难度。例如，教师可以组织学生对童话故事进行改写，并编成剧本进行排练。这种教学模式也能够培养学生的语感，并且学生在编写剧本的过程中也能够提高思维能力以及写作能力。

4. 自由交流，锻炼学生语感思维

传统教师在帮助学生提高语感时，都会以教材为素材，但是如果仅仅局限于教材也会有局限性。因此教师可以拓展朗读材料的范围。

比如，教师可以要求学生每天准备一段简短的英文素材，其题材可以是故事，也可以是科普类文章，甚至可以是英文笑话。然后让学生每天按照一定顺序充当"5分钟"的小老师，将自己准备的材料摘抄到黑板上，然后带领学生朗读，并为其他学生翻译该素材。最后，教师可以要求学生用英语随意讨论此素材。

5. 开展小组学习，让学生交流经验

受应试教学的影响，当今多数教师在教学中都会使用师生授受的教学模式，甚至部分教师为了提高学生的暂时成绩而对学生实施"填鸭式"教学，将知识一股脑儿地硬塞给学生，而不在乎学生的感受。这种教学模式会使学生对学习产生抵触甚至恐惧心理，教师应该摒弃这种教学方式，采用新型教学方式帮助学生提高英语语感。

比如，教师可以通过小组教学的模式帮助学生交流语感经验，进而提高学生的语感能力。首先，教师可以将学生进行分组，为其发放统一的阅读资料。教师可以给学生5~10分钟的时间，要求小组间的学生相互交流、相互帮助。当时间结束后，教师可以组织各个小组进行朗读比赛，并对语音较准且阅读整齐的一组给以奖励。

三、学生自主学习的语感培养方式

俗话说："师傅领进门，修行在个人。"提高语感能力关键在于学生自身。但是由于初中生不具备很好的自控能力，所以对他们来说，通过自身努力培养语感是十分困难的事情。因此教师需要帮助学生。比如，让学生制作一张表格，并规定每天朗读半小时。每当任务完成后，就在表格内画一个对号。当表格被画满后，学生便可凭表格向家长寻求适当的奖励。这种方式可以在一定限度上提高学生的自学兴趣和自学能力。但是需要特别注意的是，当学生寻求奖励时，家长应设立一定的考核机制，防止学生为了奖励而投机取巧。

四、结语

综上所述，随着社会的不断发展，人们生活水平的不断提高，对外贸易行业不断扩大，我国对于英语专业人才的需求也随之提高。但是由于当前有些教师的教学手段以及教学理念存在错误，无法培养学生良好的英语语感。因此，广大教师应及时发觉自身的不足，根据实际情况进行分析，优化自身教学手段，提升学生的英语学习兴趣以及口语语感，进而帮助学生提高英语能力。只有这样才能为我国培养全面发展的英语人才。

参考文献

[1] 何水美. 读出英语"味道"——以朗读为策略的初中英语语感培养 [J]. 课程语法教学，2017，06（13）：85-86.

[2] 王欣. 外语的习得与语感的形成 [J]. 学英语，初中教学研究，2011，03（16）：89-90.

[3] 魏崇月. 初中英语语法教学策略探析 [J]. 广西教育出版社，2011，08（14）：114-115.

［4］张艳杰.初中英语语法教学中语感缺失的原因分析及对策［J］.考试周刊，2014，08（02）：132-133.

［5］尚翠莲.英语考试高分技巧：语感的培养［J］.今日科苑，2015，11（13）：855-856.

［6］王美佳，何淑云.浅论英语教学中学生语感的培养［J］.初中学生英语教学研究，2011，05（31）：156-157.

［7］李晶晶，张新云.浅析初中英语教学中学生语感的培养策略［J］.英语教学研究，2015，08（71）：96-97.

［8］王云霞.提升初中学生英语写作能力以及口语能力之我见［J］.新课程中学教育，2013，03（08）：99-100.

刍议山区中学英语听力教学中
存在的问题及对策

罗定市廷锴纪念中学　黄宇明

听、说、读、写这几个方面的综合运用是语言学习的最终目的"。把听放在首位，足以证明其对语言学习的重要程度。在偏远山区，由于缺乏英语学习的良好氛围，学生对英语学习不感兴趣。在听力训练方面，只是单纯地通过大量的英语听力题来训练，从而使学生对英语听力学习产生排斥心理。英语听力教学存在许多困难和问题。在实际教学过程中，进行听力训练时，基础差的学生难以领会英语会话中的语境，就像听天书。随着中学英语听力教程改革的深入，中学英语听力考试形式丰富多样，考查的内容日趋全面。因此教师在日常英语课堂教学中，应注重英语听力教学，在教学中发现问题，从实际出发克服困难，提高学生的听力能力。

一、山区中学生听力教学受环境因素影响

语言学习环境很重要。在山区，众多的孩子的家长文化水平低、家庭条件差，学生在学习英语时会遇到很多的问题。在英语听力学习过程中还有一个重要的作业——听写，山区学生的父母无法配合学生完成此项作业。学生听的训练少，以致听力水平上不去。部分山区学生家庭条件差，家长无法为孩子提供电脑及网络平台自学英语，学生缺乏自我训练英语听说能力的机会。部分山

区学生的父母文化层次低，英语学科的其他作业，他们也无法给予学生指导和帮助，导致学生在学习中遇到的问题日益堆积，长期得不到解决，久而久之，山区的学生对英语学习不再感兴趣。加之山区日常生活中少用英语，父母对孩子的英语学习也不重视，认为学好英语，也不能改变生活现状，所以，山区的学生更加不喜欢学英语。

山区中学英语听力教学，缺乏语言和情境氛围。只有在课堂上能听到老师和同学说英语，有时老师上课也不用英语授课课后基本没有学习英语的氛围和环境。没有集体自我训练英语听力的情境和氛围，家庭条件优越的学生也不会主动利用手中的电子产品学习英语。

二、山区教学条件对初中生英语听力教学影响

山区条件艰苦，优秀的英语教师基本不愿意留在山区，从事山区英语教学的教师需要不断提高自身素养，重视英语听力教学，建立健全的英语听力教学模式。在英语课堂教学组织中要能够结合当地的风土人情，融进西方文化，创设训练英语听力的情境，创造良好的英语学习氛围，使学生的听力得到各种形式的训练，引导学生课后正确使用电子产品，选择优秀的远程英语听力教学资源，使学生能够自主学习英语，提高英语听力水平。社会在进步，时代在发展，山区英语教师应当充分利用现代网络技术，不断学习新的教学方法，提高自身的英语素养，重视学生的听力训练。在训练学生听力的同时，要引导他们了解山区外的世界，丰富他们的心灵世界，多方面指导学生的成长，使他们意识到英语听力学习的重要性。在山区中学英语听力教学中，学生的英语学习多数只能依赖教师，教师只有多组织丰富的课堂教学和课外自主学习活动，多组织多样化的听力训练，才能促使学生快速提高英语听力。在教学过程中，教师应当关注学生接受能力及需求，在课文听力训练材料的基础上，拓展听力训练的面和度。每周让学生看原创英语影片或每节课让学生唱英文歌，并举行形式多样的课外活动。如英语乐园、英语角等扩大听力训练的范围，使学生在丰富知识的同时，听力能力得以提高。

三、山区中学生自身条件对英语听力教学的影响

山区的学生接触英语比城市学生晚，使得英语学习难度增大。传统的教学方法是教师讲得多，学生训练少。单一的教学环境使山区学生在听力学习中感到枯燥乏味。进行课堂听力练习时，有的学生不积极参与听力训练，当教师点名提问时，学生总是低垂着头，担心叫到自己，不愿表达。在英语学习中，学生躲藏在自己的小世界里，不让教师知道自己的学习方法、困难点，不善于表现自己，怕同学异样的目光，导致英语听力水平难以提高。

中学阶段，学生自我意识比较强，此时，养成良好的英语听力习惯十分重要。教师应指导学生采取有效的学习方法，帮助学生养成长期坚持、不怕苦、每天反复进行听力训练的好习惯。英语教师应当有足够的责任心，陪同学生一起训练并给出指导性意见。采取正确有效的训练方法：

1. 提示学生预测要听的内容。

2. 养成做听力笔记的习惯。根据所听的内容及听的目的意图记录关键词，帮助之后的理解和记忆。听力笔记还可以帮助对所听的内容进行复述或总结。

3. 泛听和精听的训练相结合。泛听是指利用平常课余时间、边缘时间多听各种英语材料。如BBC新闻、英语讲座、英语影视等；精听是指针对考试相关的训练题，如历年的中考真题，反复听、细致听。听第一遍猜测大概意思；听第二遍把不能理解的句子、语段在题目中标识，清楚自己为什么听不懂，是词汇听不懂，还是句子语境无法理解；听第三遍，确认与答案相关的信息。

只有英语听力能力提高了，语感增强了，学英语的兴趣也会慢慢提高。学生才能建立自信，从而对英语学习产生浓厚兴趣。

四、山区中学英语教学中采取适当教学对策，提高学生英语听力水平

山区的学生需要承担部分家务和农活，合理分配课余时间，养成良好的

英语学习习惯，是学生和教师都需要深思的问题。教师可以通过面谈、家访等形式，掌握每名学生的生活情况、性格特点，采取不同的激励方法，以此来提高他们的自主学习兴趣。每月进行听力测试评比，让学生知道其自身的不足，向其他同学学习。教师应充分利用课余时间，采取单独谈话或小集体聊天方式了解学生在学习中遇到的困难。在聊天谈话过程中，向学生强调英语学习对他们未来学习和工作的重要性，让他们重视英语听力学习。一般情况下，听与说的能力是相对应的，教师可以根据学生的对话情况以及根据听录音时学生做出的反应等，掌握学生的听力能力，设计听力练习。在整个英语听力教学过程中，教师以一些方式激励学生，有助于快速地实现英语听力的教学突破，使学生在快乐的氛围中得到发展。

在山区班级建设中，以奖促学活动的展开，能够使学生积极地投入听力练习中。除此之外，教师还可以适当减轻其他英语作业，为听力的训练留出时间。如果教师的作业布置过多，在心理上会使学生感受到压力。教师帮助学生减压，学生自然会投桃报李，参与到听力训练中，这也是另一种形式的激励。教师也可以邀请学生家长对学生进行监督。

在组织英语听力课堂教学中，教师应适当将丰富的生活题材融入过程教学中，形成听力练习的良好环境，帮助学生培养学习兴趣。在教学过程中，教师可以尝试组织学生坚持每天定时训练听力。可将听力游戏引入听力训练中，可以借助多媒体技术，让学生为电影配音等，培养学生的英语学习兴趣，使学生进行自觉练习听力。在整个过程中，教师应该与学生保持一定的互动，帮助学生养成听力的好习惯，在潜移默化中调动学生的学习兴趣，促进学生的成长。在英语听力教学中，教师需要根据学生的实际情况做出判断，对学生产生影响。

五、结语

山区教师在英语听力教学过程中必须克服思想认识上的误区，克服困难，不受自然条件影响，树立"以学生为中心""分层次、个性化、自主式"

的教学理念，在课堂及课外教学中，抓住一切机会训练学生的英语听力，创设良好的语言环境，遵循听力教学的内在规律，选择合适的听力材料，力求训练形式多样化，在保证教学时间基础上，对听力训练做到常抓不懈。只有这样，教师才能逐步培养学生扎实的听的基本功，不断提高学生听力水平，促使学生全面掌握听、说、读、写等综合能力，为学生未来的全面发展奠定坚实的基础。

参考文献

［1］郭小芳. 初中英语教学中听力训练的加强对策［J］. 科学导报，2016，17（5）：56-57.

［2］胡雅芬. 关于初中英语听力教学中的问题与对策的研究［J］. 疯狂英语（教学版），2017（1）.

［3］何清. 教学改革中的英语教学策略与形成性评估［J］. 楚雄师范学院学报，2015（5）

［4］赖淑华. 初中英语听力教学难点及对策分析［J］. 作文成功之路（下旬），2016（12）.

论山区中学英语口语教学有效性
提高的途径与策略

罗定市廷锴纪念中学　黄宇明

在对初中生进行英语教学过程中，教师要重视英语口语的教学，在提高山区学生阅读能力和写作能力的同时，也要注重提高山区学生的口语水平。英语口语教学需要结合具体的语境，很多教师由于自身的原因在教学中往往忽视这方面的创设，导致大部分初中生在英语学习方面仅会阅读书写，在口语能力方面却有很大欠缺，不利于综合能力的提升。针对这些问题，山区英语教学侧重点要改变，教师要践行新的教学理念，创新教学方法和模式，提高山区学生的英语听说水平。

一、山区中学英语口语教学中的问题

1. 教学方法相对落后

在当今新课程改革的背景下，提倡激发学生学习的主动性。然而，山区中学的英语课堂教学却多是给学生讲解干枯无味的语言知识点，很少结合相应案例与语句进行实际运用教学，致使山区学生在口语学习过程中，靠死记硬背的方式记忆和机械化套用口语知识，极大限度上降低了口语学习效率和实际运用效率。教师的口语教学手段相对落后，只是单纯并机械地告诉学生每个单词或者句子的读法和汉语意思，很少利用情景教学，学生不知道所学的单词、句子应该在哪种场合下使用，自然享受不到学习英语口语的乐趣，长此以往，导致英语课堂变得更加死气沉沉，学生对于学习英语的厌学情绪加重，英语课堂教学质量难以提升。

2. 母语的影响

在山区，缺乏语言环境学生接触英语的机会较少，方言又对学生有着极大的影响，学生难免将汉语思维模式代入英语学习之中。众所周知，环境对英语学习的影响很重要，山区大多数初中生学习英语时，缺乏英语的熏染环境，难以提高语言感知力，口语得不到及时的练习，导致英语实际运用能力难以提高。

3. 缺乏科学合理的教学评价机制

科学合理的教学评价机制可以帮助教师分析与整理山区初中生某一阶段的学习成果，为教师改进教学方法提供依据，从而保证山区初中生英语学习的有序进行。

二、树立正确的英语口语教学观念

对英语口语教学的创新改革首先需要教师树立正确的英语口语教学观念，提升对这方面教学的重视程度，积极改变教学方法来提高山区初中生的学习积极性。通过树立正确的英语口语教学观念，可以帮助教师认识到英语口语在未来发展中的重要性，进而在日常教学中采用更高效的教学方法进行教学。在具体的英语口语教学过程中，教师要及时理解掌握山区初中生的口语能力，引导山区初中生建立英语口语的知识体系，并鼓励他们勤练习。教师可以改变传统的教学方法，积极引入新的教学设备和教学理念，为山区初中生创设口语交流的具体情境，同时不断提升自身英语口语表达能力，为山区初中生创造更好的英语口语交流环境。不仅如此，教师还可以开展英语演讲和话剧表演等活动，引导学生在口语表达中巩固英语口语能力，提升英语口语水平。

我们在英语教学中，口语的内容很少，其主要原因在于传统的教学观念对于英语口语的不重视。山区大多数小学、初高中，在英语课程设置上几乎没有单独设立口语课程，只有大学方才重视口语的发展。但是，口语的训练一样要从小抓起，所以要想改变这种现状，首先要改变陈旧的教学观念，树立口语与知识理论并重的教学理念。再者，英语口语教学不应该仅仅局限于对英文课文的反复朗读和背诵，而是应将英语中的单词、短语、句子融入语言表达中，通过灵活的方式将所想象的内容表达出来。这些能力的培养不仅要求学习英语理论知识，还要注重英语口语实践能力方面的锻炼。从学校管理层到授课教师，都应该摒弃陈旧的教学理念，制定口语实践与理论学习并重的英语课程体系。

三、激发山区学生学习英语口语的兴趣

在英语口语教学中，教师要尽可能地活跃课堂气氛，提高山区初中生对英语口语学习的积极性，这样才能培养山区初中生口语表达的兴趣，进而提高其英语口语表达能力。具体的教学中，教师可以引导初中生开展英语口语小活动，鼓励初中生在英语表达中明确彼此内心想法，并通过英语口语交流的形式进行对话交流。这样可以大大提升初中生的课堂参与度，同时激发初中生的英语口语学习兴趣。在课堂教学中，教师可以将口语内容与生活情境联系起来，引导初中生自主思考和探索，实现心智的启发，提高学生对英语口语表达的积极性。同时教师还可以组织口语比赛，以此来激发山区初中生英语口语学习训练的积极性。

四、多元化的教学思维，听力教学提高口语的表达能力

教学活动组织的核心思想与灵魂正是教师的思维，而教师的思维，也是提高口语的金钥匙。多样化的教学形式可以体现教师的多元化思维，教师可以通过听力训练的模式提高学生的口语表达能力。可以运用的方法包括聆听英文歌曲、观看英文电影、重点学习书本上的听力模块内容。多元化的教学模式不仅能激发学生学习英语口语的兴趣，还可以培养学生的口语表达能力。例如学

习到*When is your birthday*这一课时，可播放英文电台里的*birthday*专栏，在学生听完一遍之后，教师询问听到了什么。因为第一遍学生的听力能力还比较差，所以学生能说出听到的单词或者短语是十分值得鼓励的。之后再播放第二遍，第三遍，第四遍……教师在学生听的过程中要加以引导，对一些难以理解的词句要进行翻译。每一遍后都让学生思考听到了什么。学习完听力之后再让学生用英语交流自己的感想，展开主题的讨论。这种方式对英语口语的提高是十分有效。

五、立足于教材文本，创设多媒体教学情境

随着科学技术的发展，其在生活中的应用越来越广泛。如今多媒体教学在教学中扮演了越来越重要的角色。何不在英语口语的教学中加强对多媒体教学的应用呢？从很多学校的实践中我们已经得出结论，多媒体教学对于英语的口语教学具有巨大的促进作用。举个简单的例子，我们在学习一篇英语课文之后，可以利用多媒体播放有关的英文电影片段，让山区初中生学习这些语言在以英语为母语的国家是怎么样被说出来的，借此比较他们的发音和我们的区别，也可以寻找他们的口语用法和我们口语的用法有什么不同，毕竟口语不是严格按照的规则来的，也可以学习到一些英语的口头语。

六、结语

山区初中生的英语教学十分重要。中学阶段是学生学习夯实基础的阶段。所以山区中学教师应该充分意识到中学英语教学中口语教学的重要性和基础性，转变教学观念、培养教学热情、结合案例教学、丰富语法教学形式、加强教师教学创新和学生考评等措施，全面提高山区初中生的口语教学效率，为学生未来的发展奠定坚实的基础。

参考文献

[1] 华新新. 提高初中英语口语教学有效性的策略探析 [J]. 考试周刊,
2016 (5): 87-87.

[2] 王海英. 初中英语新课程口语教学有效性提高的途径与策略 [J]. 小
作家选刊, 2017 (19).

[3] 黄伟荣. 初中英语新课程口语教学有效性提高的途径与策略 [J]. 魅
力中国, 2017 (8).

论核心素养下快乐高效阅读课的构建

罗定市罗定中学　黄荷英

英语学科核心素养对英语阅读课堂提出了新的挑战——如何从知识点的讲解向文本解读转化，如何从碎片输入向整合化、结构化知识梳理转变，如何从教师单纯的讲解向教师指导下的探究活动转化，如何引导学生自主学习、合作学习，等等。构建快乐高效的英语阅读课堂模式，让学生在教师的引导下拥有高效的学习能力，培养学生适应社会发展，运用各种策略，不断锻炼自身终身学习的能力是初中生英语教学中不懈的追求。

一、巧用文本分析，培养学生的语言能力

英语学科核心素养包括语言能力、学习能力、思维品质和文化品格，是学生在接受相应学段的教育过程中逐步形成的，适应个人终生发展和社会发展所需要的必备品格与关键能力。英语教育学家指出，英语核心素养的培养要立足英语文本，将要培养和提高学生的语言能力作为首要任务。*Reading*是每个单元的核心内容，所选的阅读材料内容丰富、题材广泛、体裁多样，均与学生的学习、生活有一定的联系，有助于学生在学习语言的同时吸取多方面的知识。在处理阅读文本时，教师不能只着眼于解决文本表层上的东西、为了上阅读课而上阅读课，而应该引领学生深入分析文本所信息。就近年来的英语中考来说，对基于学生核心素养的初中英语阅读能力的要求有所提升，中考试卷的完形填空、阅读理解等模块文章呈现出篇幅长，长句、难句多，文章主旨隐晦

等特点。教师如果在平时的阅读教学中未能指导学生仔细梳理和分析，学生在考试时难免会感到茫然无措。英语教师可通过引领学生分析文本字里行间的意思，实现从碎片输入向整合化、结构化知识梳理的转变。另外，中英文语言存在句法、结构上的差异，导致这种差异最根本的原因是中西方的思维差异。教师引领学生进行文本分析，实现学生从一篇篇英语文章中学习和了解西方文化，从而达到培养学生发散思维的目的。高效的英语阅读课堂在引领学生进行文本分析的同时，潜移默化地培养了学生的语言能力和分析问题的能力。

二、构建快乐高效课堂，培养学生思维品质

1. 培养思维品质的抓手——问题引领

构建快乐高效的英语课堂，教师应当从课堂教学实际出发，以设问作为思维品质的抓手，引导学生深度发掘英语阅读文本中的内容，通过阅读问题的设计激活学生三个层次的思维：猜测字面意思，猜测从字里行间的意思，猜测语篇隐含的思想。教师要引导学生分析、梳理英语文章，从文章学习中积累英语知识，在这个过程中逐步培养分析问题、优化问题、解决问题的能力。教师要设计各层次的问题来引导学生认真解读标题与图片，解读文体、结构、语段与语义。在解读文本时，不仅要做到 read between the lines，更要做到 read beyond the lines。只有这样，才能理顺作者的意图。文本处理上，教师要引导学生关注语言背后的写作意图进行主题的深化，从知识碎片化（单词—句型—课文）到核心素养整合化（主题—语篇—思维—语言—文化—策略）。通过问题链的引导，不断启发学生思考文本的表层信息和深层信息，理解作者的真正意图，从而提高学生阅读理解能力，有效解决教考脱节的现象（老师课堂上讲单词、句型，但考试却考语篇主题及隐含意思等），同时使学生的发散思维及评判性思维能力也得到了充分的锻炼。2018年中考英语阅读题充分体现了对思维能力的考核，那些只关注语言本身而不会解读的考生因此而失分。这对教师的阅读教学有积极的反拨作用。

2. 培养思维品质的抓手——思维导图

构建快乐高效的阅读课堂，我们要设计好符合学生认知水平的思维导图。阅读其实是交际行为。阅读要形成读者与作者的对话，在读者与作者之间产生思想观点的碰撞、交流、共建。阅读建立了"读、思、论、建、创、用"的链条，可以通过思维导图展现出来。所以，教师要深入文本，明确作者的观点、立场、态度、思路及其背景、身份、动机，设计出触发学生思考及符合学生认知规律的思维导图。符合认知规律的思维导图的思路勾勒原则是突出主要内容，形成观点之间的逻辑关系，列出能够支撑观点的证明、论据、数据、事实、案例等。"符合认知规律的思维导图应用得当，是文本教学融合思维训练最佳的工具方法之一。它能有效改良阅读行为，提高阅读效益，有助于真实阅读（authentic reading）、深入阅读（deep reading）、交互性阅读（interactive reading）、审辩式阅读（critical reading），具有见木也见林，见林还了解了成林与生长规律的功效，学到'鉴赏珍珠'也能'串联珍珠'的本领。"（夏纪梅）

为了达到这样的教学目标，教师要为学生搭建"脚手架"。例如，提供半结构图、提供关键词让学生自由构图，让学生自己选词选图；依据思维层级提出层层递进的问题，引导学生通过构图呈现自己对问题的思索。评价思维导图是否符合认知规律，要看构图显现出来的思考点、知识点、信息点、关联点、疑点、难点、重点、事实、结论、发现、证据等是否依据相互逻辑关系排列展开，是否运用了高阶思维。

三、合作探究，挖掘文本的文化素养

传统意义上的阅读教学将培养语言读写能力作为课堂教学的唯一目标，忽略了思维品质和文化品格的培养。这种单一的阅读教学不可避免地使学生感到劳累、单调、乏味，而成为消极被动的学习者。在英语阅读教学过程中，教师应当摒弃那种"为教而教"的做法，转为引导学生对文章主旨和文化素养加以探析，构建快乐高效的阅读课堂。小组合作学习是一个不错的选择。

可以建立合作探究式学习小组，让学生在小组内交流、沟通、分工和合作完成学习任务，组内的学生彼此之间进行比赛。教师可以将班上的学生分成三个层次：第一层次是阅读能力较好的学生；第二层次是阅读能力一般的学生；第三层次是阅读能力较弱的学生。教师可以根据不同层次的学生制定不同的阅读教学模式；针对阅读能力好的学生，教师可以通过问题引领引导这类学生在阅读的同时讨论；可以启发他们思考文本的表层信息和深层信息，理解作者的真正意图，进一步分析书面写作的基本用法，增强其写作能力。针对阅读能力一般的学生，教师可以让学生在阅读的同时讨论文章蕴含的文化内涵，然后画出好词、好句，运用这些词汇与句型，利用早读的时间大声朗读，在朗读中提升自己的语感。针对阅读能力较差的学生，教师首要的任务是提升这类学生的自信心，让他们意识到自己并非不会阅读。在树立学生自信心的同时引导他们反复记忆词汇，鼓励小组内的学生进行单词记忆大比拼。第一层次的同学完成任务后帮助第三层次的学生挖掘文章中隐含的深层信息。通过这种探究式的学习，可以深入挖掘文本的文化内涵。

构建快乐高效的英语阅读课堂，教师还需拓宽教学内容，使学生的思维得到发展，增强学生的思维能力。教师既要注重教材的教学，又要注重课外的延伸。作为对课堂的补充，教师可以挑选一些与课本话题或时事相关的英语读物、音乐、电影等推荐给学生，组织学生进行交流，分享观点，加深学生对语言、文化的理解，提升学生的文化内涵。通过自主、主动、体验式学习，可以推动学生语言思维的同步发展，促进学生文化品格和学习能力的同步提升。总的来讲，每一篇英语阅读文章背后都蕴含着一定的思想感情，都表达了作者的某种观点、意识和感受，教师应当引导学生探析文章主旨，以此提高学生的人文素养。

四、要建立多元而有层次的过程性、激励性评价制度

每名学生都各有所长，在过程性评价中，每名学生都有机会使自己的某些特长、才能、潜质得到认可。构建快乐高效的英语阅读课堂，一定要形成合

理的过程性评价，激励学生积极参与学习，让学生在每个学习环节都能体会到学习的成就感，这样才能让枯燥的阅读课更有趣味。

建立以小组为单位的加分方式。根据学生课堂表现（回答问题的积极性、创造性、新颖性）、课外作业的质量（书写、是否自主纠正错误）、听写得分（满分和90分以上都可以加分）、口语的参与度（根据参与的人数、分数段等进行加分）、每周一测的分值（各组平均分的排名、小组不同分数段、进步情况加分）、各组背书情况（完成本周背书要求及超额完成的都可以给该小组加上一定的分值）及学生学习的自主性（主动预习和问题打卡）加分。这种加分制度用在阅读课堂上也同样适用，学生有良好的表现、积极参与课堂、有新颖和创造性的答案等，都可以加分，使各层次的学生都找到表现自我、发挥自己特长和潜能的机会，使每名学生都能体会到成就感，快乐的元素也就体现出来了。

在阅读课堂教学过程中，教师应该激发学生学习的动力，提高学生自主学习的意识，并在教学过程中通过启发式的教学理念，让学生通过自己的努力获得知识，增强学生的学习积极性。

五、充分利用各方资源，努力提高教师自身的学科教学知识

在转变教学观念的同时，教师应该提升自身的教学能力，放开眼界，广泛地吸收和借鉴不同的优秀文化来提高自身的文化素养。因为只有教师自身的思维品质和核心素养得到提升，才能更好地培养和引导学生的全面素养和文化价值观。构建快乐高效的英语阅读课堂，提高教师的PCK是首要任务。PCK（Pedagogical Content Knowledge）是学科教学知识简称，由美国教师教育协会主席李·舒尔曼提出。PCK是一种综合性知识，包含英语语言知识、课程知识、学生知识、教学法知识、教师反思等基本要素。英语教师拥有PCK，为教师教学核心能力的形成和发展提供重要知识基础。要提高PCK，教师在珍惜出外学习机会的同时，还可以充分利用网络进行各种学习，如多听取和研究各种竞赛型的观摩课，对比自己的课型，找出可以改进的地方，加以完善。

六、结语

初中英语快乐高效阅读课堂的构建是一个长期过程，不能一蹴而就，急于求成。初中英语教师应该在核心素养观的指导下认真踏实地做好备课工作，把眼光放长远，追求长远效益，如此才能切实提高学生的学习成绩和学习能力，不断提高学生的英语核心素养，促进新课程改革的成功。

参考文献

夏纪梅. 思维导图在核心素养英语阅读教学中的应用［J］. 英语学习教师版，2018：10-10.

当前如何促进初中英语阅读
教学与写作教学的结合

新兴县车岗镇初级中学　黄　姗

　　阅读和写作，这两大板块在初中英语教学中发挥了关键性的作用。学生阅读能力和写作能力的培养，是初中英语学科教学的重点内容。一个具备良好阅读能力与写作能力的学生，其英语语言表达能力及书面表达能力都会有一个质的飞跃和提升。现就初中英语教学中阅读教学与写作教学的结合，进行如下的阐述和分析。

一、阅读与写作的关系

　　阅读与写作是英语学科中两个重要的内容板块，在英语学科中，具有同样重要的地位。阅读是学生学习英语的基础。通过分析初中英语考题的出题模式，可以得出，大多数的考题都与学生的阅读能力有着密不可分的关系，尤其是初中高年级的英语考题基本都是短文理解。英语听力也与学生的阅读能力有重要的关联。而写作，在初中英语学科中的地位与阅读不相上下。从开始学习英语起，教师都在采取有效的方法，培养学生的写作能力。关于写作与阅读的关系，主要体现在以下两个方面。

1. 阅读是写作的重要载体和灵感来源

　　众所周知，一个喜爱阅读的学生，其英语语感及口语表达能力一般不会太差。阅读可以培养学生丰富的语感，让学生找到口语表达的思路和灵感。而学生语感及其语言表达能力，对于学生的写作来说，具有积极的推动作用。英语写作，需要学生将心中所想，用英语表达出来。从这个角度来说，英语阅读是学生获得写作灵感的来源。在平时的阅读中，学生有更多的机会去积累一些重要的语言表达词汇、短语、句子等，这些都可以用在英语写作上。

2. 写作是阅读的投射和再现表达，写作可以反过来促进学生阅读能力的提升

英语写作，需要学生使用英语语法、英语逻辑思维等将心中的信息进行一定的整合与分析；而学生的英语逻辑思维、英语语法表达、英语写作思路等，可以在平时的阅读当中获取。从这个方面来说，写作就成了阅读的语言表达与承载，根据学生写作能力的高低可以评判一名学生的阅读面。

二、初中英语阅读教学与写作教学的结合

在以上的分析中，着重阐述了初中英语教学中阅读与写作的关系，阅读是写作的重要载体和重要途径，而写作是阅读的承载和语言表达。由此可见，英语阅读与写作之间具有强烈的逻辑关系和紧密的关联性，在初中英语教学中，如何实现阅读教学与写作教学的完美结合，从而提高学生的英语能力？这是一个重要的课题。现就初中英语中阅读教学与写作教学的结合问题，进行如下教学思路探究。

1. 重视英语写作评价，将作文变成阅读材料

重视英语写作评价，将作文变成阅读材料，这是初中英语实现阅读教学与写作教学结合的行之有效的方法和途径。该思路主要强调了两个重要方面：对学生英语写作内容进行评价；将英语作文变成课堂阅读的材料。重视英语写作评价，就是要求教师对学生的英语作文，做一个全面的评价，从基本的遣词造句到文章的抒发情感都进行分析，寻找众多英语作文中的优秀作文，然后将其以多媒体课件的形式，呈现在英语课堂中，供学生鉴赏和阅读，让学生发现文章的亮点，学习其精髓和思路。这实现了阅读教学与写作教学的有效结合，但是主要偏向对学生写作能力的培养。为了在提升学生写

作能力的同时，兼顾学生阅读能力的培养，教师可以加强引导，指导学生阅读优秀文章。

2. 加强阅读教学，从阅读内容中发掘写作精髓

该方法的主要侧重点是阅读教学，在开展阅读教学的前提下，融入写作教学。教师要选择一些符合学生心理认知结构、学习水平、学习情况的阅读内容，在英语晨读课上引导学生阅读，最好阅读三遍。第一遍让学生掌握阅读材料的大体结构和特征。第二遍让学生深入理解内容并能够流利地阅读。第三遍适当地放慢阅读脚步，带领学生缓慢阅读，找出其中对写作有意义的单词、短语、固定搭配等，并在课堂上邀请学生进行造句。如固定搭配 "There is no doubt that..."。教师可以请学生造句，或者给学生一个中文句子，让学生使用一个固定搭配翻译出来。这都体现了初中英语中阅读教学与写作教学的结合。

三、基于阅读的初中英语仿写探索

在初中英语阅读教学与写作教学的结合过程中，在基于阅读的前提下进行英语仿写，这是在阅读教学中融入写作教学的重要尝试。让学生阅读材料，并根据其中的句子及表达思路，进行一定的仿写，不仅可以提升学生的英语阅读能力，而且可以培养学生的写作思维。可以让学生从他人的英语表达中，借鉴一些有趣的表达方法。比如句子：I have a dream, my dream is that the world will become more peaceful, and everyone lives happily, the animal and human could live well. 在英语课堂上，教师可以鼓励学生大胆仿写，丰富学生的写作思维。看到梦想这样的写作材料，许多学生的思维都会被自我的局限性所固化。而在一些阅读材料中，关于梦想作者的描述则具有高度博爱和忘我精神。学生可以借鉴这种精神，在英语写作中进行仿写，体现出这种情怀，丰富英语作文的思想情感。

四、结语

在初中英语教学中，为了实现阅读教学与写作教学的结合，教师可以采用以下两种方法：重视学生作文的评价，将文章变成阅读材料；寻找阅读内容，挖掘其中的写作精髓。这些对于学生英语表达能力和写作能力的提升，都具有积极的作用。

参考文献

［1］王娟娥.初中英语阅读教学与写作教学的结合［J］.基础外语教育，2012.14（2）：61-65.

［2］周莉.初中英语读写结合模式促进有效写作教学的探讨［J］.课程·教材·教法，2011（9）：72-76.

［3］蒋建华.初中英语阅读写作一体化教学策略［J］.江苏教育，2014（14）：48-50.

如何使山区学校的初中英语课堂教学更高效

罗定市廷锴纪念中学　黄宇明

一、山区初中生学习英语的现状

1. 学生的英语基础浅薄

与城市相比，山区的学生学习英语起步较晚，教师在课堂教学中不注重激发学生学习英语的兴趣，不注重引导学生学习英语的方法，导致学生对学习英语失去信心。大部分教师为了完成教学目标，单纯地对课本的内容进行重复讲解，学生的英语学习只停留在浅薄的层面，英语知识掌握、英语学习方法与综合能力得不到提高。

2. 英语的教学方式单一

山区中学可使用的教学资源单一，教师在进行教学时，只利用传统的教学方式，对教材的知识点进行讲解，学生只能被动地接受，不能参与情境对话、语篇口头描述等环节英语口语能力得不到提高。对于英语单词、句型的巩固记忆，也只是单一地通过课后做练习题的方式让学生完成，不能充分发挥学生的主观能动性，使得他们对英语学习缺乏热情及兴趣。

3. 信息化教学水平不足

由于地方经济发展受到限制的情况比较突出，山区中学信息化教学方式还未实现。山区中学没有足够的硬件设施配备，教师无法充分利用多媒体、微机课等资源对学生进行授课，导致山区教师在进行英语教学时课堂形式单

一、课堂容量少，使得新课改对英语课堂教学的要求无法得到充分实现。

4. 英语教师师资力量薄弱

山区中学的英语教师队伍并不充足。由于山区经济发展落后，交通不便利，使得英语教师的教学水平普遍不高，使山区中学的学生无法得到更好地引导。

二、面对山区学校初中英语的现状提出的解决措施

1. 整合教学资源，提高学生的基础

山区中学应该对现有资源进行充分利用，提高英语课堂教学的效率。教师需要对学生的英语能力加以剖析，充分掌握学生的英语水平，加强对课本内容的整合，根据学生的特点进行教学，以提高学生的英语学习兴趣和学习能力。

2. 拓展教学模式，改进课堂讲授方式

新课程改革要求促进学生自主学习以及创新能力的发展，在山区学校的初中英语授课教学中，教师需要开拓新型的教学方式，依据学生的接受能力展开小组学习、合作学习等新型的学习方式。这种新型教学方式在实际教学中的运用，可以激发学生的学习兴趣，让学生能够积极主动地学习；可以发挥学生的主观能动性，使学生自主学习，而不是被动地接受学习。

另外，教师在进行教学的时候要注意对学生进行引导，激发学生的兴趣以及求知欲，让他们保持一种充满好奇心的状态。教师可将教材分成若干问题，引导学生积极主动地分析、研究解决的方法，让学生学会自主学习。教师的教学应该是不断地为学生答疑解惑，使学生逐步拨开层层障碍看到最终的答案，所以教师不仅要授课，还要将相关的知识串联起来，教授学生学习英语的方法与技巧。

3. 加强建设网络，完善信息化

随着信息化时代的到来，多媒体教学在城市校园内已普遍存在，而山区中学也应该运用多媒体进行教学。在校园内展开全面的信息化教学，这对于英

语学科来说，更是至关重要的，这样学生可以更加方便地获得学习辅助资料，还可以利用互联网沟通交流，自主安排课余时间进行英语学习，从而提升英语基础水平。

4. 吸收人才，壮大英语教师队伍

山区学校初中英语教师匮乏，应加强师资队伍的建设。教师是教学内容的重要载体，政府应投入更多的资金及政策加以支持，使山区教师得到认同感。同时，学校也要加强对英语教师的培训，传授城市中学的教学理念与方法，提高教师的整体素质。

三、结语

现阶段，山区中学英语教学存在诸多问题，这就要求学校、教师以及教育部门加强对这些问题的研究，找到相应的解决办法，根据山区中学的实际情况制定相应的教育方针，增加对山区中学的投入。只有改变现在山区中学的状况，才能从根本上解决山区中学英语教学现阶段存在的问题。教师，应该克服一切困难积极向上，找到更好的教学方法开展教学工作，激发学生学习英语的兴趣，提高学生学习英语的能力，提高山区整体初中生的英语水平。

参考文献

[1] 段红霞. 让英语骨干团队在山区学校扎根 [J]. 教师，2017（10）：125–126.

[2] 乔虹. 新疆小学英语教师专业化发展中存在的问题及对策——以乌鲁木齐市天山区为例 [J]. 新疆教育学院学报，2016，32（02）：55–57.

[3] 靳珊珊. 山区初中英语口语教学：现状调查与实证研究 [D]. 华中师范大学，2016.

关于初中英语课堂教学的几点反思

罗定市廷锴纪念中学　黄宇明

所谓反思性教学是指在实施教学设计时，教师一定要对学生的实际状况进行分析，教师一定要坚持以人为本的教学理念，重视学生的主体地位，将学生的学习能力视为教学基础，重新定位自身的教学理念，进而促进学生的全面发展。在新课程改革的背景下，教师一定要合理地运用反思性教学手段开展教学，并将其进行最大化地利用，以培养学生的语言运用能力。

一、教学前的反思

在初中英语教学中，教师尝试反思教学时，首先应该在课堂教学开展前进行反思。在教学前反思，教师应该注重三点：学生现状、教学目标以及教学内容。通过对这三点内容的反思，教师能够有效地提高课前备课的质量，并能够在课堂为学生提供更为高效的教学服务。

1. 对当前初中生英语学习现状的反思

现在初中生英语学习中主要会出现以下几种情况：

（1）学生对英语学习的兴趣不高。

（2）学生对单词、短语、句型难以记牢。

（3）缺乏适当的语言学习环境，学生没有机会开口练习，学的是"哑巴"英语。

（4）不肯开口大声朗读英语的文章或段落，缺乏语感，语篇理解能力和书面表达能力薄弱。

基于以上几点，教师在授课中应注重课堂教学的趣味性、新颖性，注重学生课堂的参与度，更应注重学生听说能力、语篇理解、书面口头表达能力等方面的培养。教师应尽可能地创设语言环境，多给学生提供锻炼英语口语的机会。教师应在课堂上多要求学生用英语进行自我展示，让学生带读单词或课文，让学生表演英语小品或根据情境编造对话等让学生进行练习。在课后，教师要多开展英语角、英语演讲比赛、用英语讲故事等活动，让学生能从情境中训练英语语言能力，从而提高学生学习英语的兴趣。

2. 对教学目标的反思

一般来说，在传统的初中英语课堂教学模式中，多数教师为了加快教学进度、增加课堂容量都会把自己视为课堂的主体。在开展新课教学时，教师会直接引导学生对教学内容进行学习，并且教学模式千篇一律，以"满堂灌"为主。在这种教学情况中，学生很容易对学习产生厌烦心理，部分学生甚至会产生抵触心理。在这种情况下，教师应该改变教学模式并优化教学目标。

优化教学目标，换句话说就是，重视学生实践能力的培养。比如，当教师在讲解仁爱版八年级下 Unit 5 Feeling Happy 中关于情感的词汇时，可以先演示不同的表情，引出相关词汇如"worried, excited, happy, sad"等，让个别学生上台表演，呈现不同的表情，让台下学生猜，进行相关词汇练习。然后结合视频、图片、学生小组合作交流的方式引导学生对教材中的词汇、句型和对话进行深入了解，过渡到深层学习，使学生了解"情感"相关话题的词汇以及句型。当学生对相关话题熟悉后，教师可以要求学生独立思考，结合自己做某事的"feeling"，将生活与知识相融合；通过提供关于"feeling"话题的 key words 进行口头表达训练，再延伸至书面表达训练。这种教学模式不仅能够提升学生的学习兴趣，实现教学目标，也能提升学生的思维能力。

3. 对教学内容的反思

在传统的初中英语教学中，多数教师都存在古板的教学思想。在这类教师的眼中，只有教材才是适合学生学习的内容。但是在网络不断发展的当今时代，文化与科技交融，倘若教师仅仅使用传统的教学模式开展教学，会在一定程度上阻碍学生思维的发展，因此，教师应该对教学内容进行优化与整合。

在网络逐渐深入的当今时代，多数学校已经在教室内安装了多媒体教学设备，以此帮助学生更好地开展学习。因此，教师可以借助多媒体的帮助，优化教学内容，通过整合教学内容帮助学生掌握并拓展英语知识。比如，在初中教材中，有许多内容是根据童话故事或电影改编的，教师可通过网络下载相关视频，在教学中播放给学生观看。这一教学方式不仅能够拓展学生的眼界，而且能提高学生的学习兴趣。此外，教师也可以要求学生写出听到的与所学单词相关的台词，以此锻炼学生的反应能力以及听写能力。但是值得注意的是，教师一定要重视教学内容的比重，切忌为了拓展教学而延误正常的教学进度。山区学校学生的英语学习能力和基础差异较大，教师要因材施教，融入针对性的教学内容，让每个层次的学生都能有所收获。对于低层次的学生来说，需要掌握单词和基础语法知识；对于高层次的学生来说，则需要灵活使用词汇和句型并且掌握相关的语法知识，进一步提高语篇理解能力。

二、教学中的反思

"兴趣是最好的老师。"在实际教学过程中，教师应该对教学手段进行反思。课堂应多采用互动教学模式，充分利用多媒体资源以及游戏教学、口令教学等形式活跃课堂气氛，激发学生学习英语的兴趣，从而提高初中英语课堂教学质量。

传统的教学模式是师生授受，即"满堂灌"。该教学模式会在一定限度上引起学生的厌烦情绪，所以教师应该更换教学模式，优化教学手段。例如，当教师在讲解与水果相关的知识时，可以引导学生开展萝卜蹲的游戏，将水果名称作为学生的代号。这一教学模式不仅能够提升学生的学习兴趣，促进师生交流，同时也能加深学生对知识的记忆。对于某些语篇的理解，教师需要融入文化教育的内容。例如，在理解"table manners"时，教师可以通过视频或英文小短文的方式让学生了解中西餐桌礼仪中使用餐具、用餐方式等的差异，并在了解中西方餐桌文化差异的基础上加深对该话题词汇和句型的学习，使学生在口头表达和书面表达中能更好地灵活运用。在实际的英语课堂教学中，教师需要把握反思的机会，捕捉教学中的有效教学内容，促进课堂效果生成。例如，在讲解与although相关的语言点的过程中，一些学生说出了这样的句子："Although I'm not very clever，but I still work hard every day."针对这一课堂内容的生成，教师应及时运用激励性的评价语言，在肯定这位学生的同时，引导学生："But could you find out the mistake in your sentence？"学生经过反思后，发现自己的错误，得出There should be no "but" in the sentence.这种启发式教学方法不仅可以解决语言点难题，同时可以培养学生思考的习惯。总结和反思，可以让学生发现自己的问题所在，激发学生的兴趣和探索欲望。在开展知识总结时，教师要引导学生对已学知识进行梳理，引导其利用思维导图总结的模式复习学过的内容，加深对所学知识的记忆和运用。

三、教学后的反思

在初中英语课堂教学中，在课后进行反思，能更有效地提升英语课堂教学质量。课堂结束后应对课堂教学进行以下几方面反思：

（1）在课前建立的目标是否完成。

（2）在课堂上所运用的教学手段是否合理。

（3）学生在课堂上的学习是否有成效。

教师应根据以上几点对自身的课堂教学进行总结反思，总结自己的表现以及不足，进而能够有针对性地进行改进，提升授课能力。

综上所述，在素质教学不断深入的当下，教师不仅要提高学生的考试成绩，同时也要提升学生的实践能力以及思维能力。教师通过课前的反思，可以提升自身的教学能力，为学生提供更加优质的教学服务；通过教学中的反思，可以提升学生的学习能力，并提高自己的教学质量；通过教学后的反思，可以更好地改进教学方法，探索教学规律，实现课堂教学的完善，达到师生共同发展的目的。因此，在实际教学过程中，教师要合理地运用教学手段并融进先进的教学理念，促进学生综合发展，提高学生综合运用语言的能力。

参考文献

［1］陈嘉西.初探翻转课堂方式下的初中英语阅读个性化教学策略——以一堂优秀的初中英语翻转阅读课为例［J］.中国校外教育，2015，5（15）：15–16.

［2］王丽娜.如何在初中英语教学中实施反思性教学［J］.西部素质教育，2014，4（14）：17–18.

［3］周宁海.关于初中英语课堂教学的反思［J］.初中英语教学研究，2017，5（16）：54–55.

论自主学习法和合作学习法
在英语教学中的运用

罗定市廷锴纪念中学　邱　敏

回顾以前的英语教学，授受式、填鸭式、满堂灌这三种学习方式一直占据主导地位。随着新课程改革的不断深入，学生、教师以及课堂教学都发生了明显变化。教师必须转变传统的教学观念，英语教学在关注语言知识与语言技能的同时，还要运用发现、探究等认知活动，形成以自主、合作、探究为主要特征的学习方式，帮助学生养成良好的心理素质和学习品质，学会学习、学会做人、学会生存。

一、英语教育的现状

作为三大基础学科之一，英语教学的目的不仅是使学生掌握语言本身，同时要通过语言教学培养学生的观察、思维、想象、交往能力及合作精神，培养学生表达情感、认识社会的能力，培养学生内在美的气质，注重学生文化熏陶。然而，由于长期受传统教学观念及教学模式的影响，教师有意无意地在英语课堂教学中习惯于多讲，习惯以教师为主体、学生为客体。久而久之，学生要么逐渐地失去学习英语的兴趣，要么丧失自己学习的能力，这两种状况对学生以后的学习和发展都是极为不利的。如果教师的教学只停留在字、词、句的基本语言知识训练上，学生就不能提高运用语言的能力，也体现不出英语学科的特点。因此，在英语教学中，教师运用正确的指导方法，把教学的"舞台"让给学生，促使学生主动把握英语学习，增加英语知识的吸收，提高英语学习的技能，如此才能达到学生自主学习的目的，并最终提高学生的综合素质。

二、如何走出目前英语教学的困境

综上所述，笔者认为自主学习法和合作学习法是目前比较合适且有效的教学方法。

1. 什么是自主学习

所谓自主学习就是在自我监控下学习，这是一种高品质的学习。自主学习是从学习品质角度对学习的分类，相对于他主学习。具体地说，自主学习应涉及五个方面的内容：确立目标，确定学习内容，运用合适的学习方法，控制适合自己的时间、地点和进度，评价学习结果。

我国教育部颁布的《英语课程标准》明确提出，"引导学生调整学习方式，提高他们的自主学习和合作学习能力，使他们具有终身学习的能力""要着眼于学生的自主发展、全面发展和可持续发展，倡导以学生为主体、以学生为中心的教学方式，促进学生创新能力和实践能力的发展。要转变过于强调接受的学习，死记硬背、机械训练的现状，倡导主动参与、探究发现、合作交流的学习方式"。

在英语教学中，实施自主学习的目的顺应了时代发展、科技进步的需要，是英语教育界的主动呼应和选择，是学生个体成才的必由之路，使每名学生能根据自己的实际情况和需要制订计划，设置目标，取得更好的英语学习成绩。

2. 什么是合作学习

合作学习源于20世纪70年代的美国，是目前世界上许多国家都普遍采用的一种富有创意和实效的教学理论和策略体系，被人们誉为"近十几年来最重要和最成功的教学改革"。合作学习追求的是一种"不求人人成功，但求人人进步"的教学模式——教师指导学生在小组或团队中为了完成共同的任务，有明确责任分工地进行互助性学习；教师有指导性地进行小组教学，通过集体智慧的充分发挥，使所有学生的学习效果最佳化。它强调学生之间在学习过程中展开真诚的合作，学生不仅从教师那里获取知识，还可以从同伴身上获取知识。20世纪80年代末、90年代初以来，我国也出现了合作学习的研究与实验。合作学习包括合作、竞争和个人自学三种方法，它不但有利于学生学习成绩的提高，而且也有利于思维能力、自尊心、自信心、内在动机、外在动机、心理健康、社交能力等的培养，体现了以人为本的思想。

在英语教学中，实施合作学习的目的在于改变教师的教学方式和学生被动接受语言知识为主的学习方式，为学生构建开放的学习环境，提供多渠道获取语言知识并综合运用的机会，促进他们形成积极的学习动机、学习态度和良好的语言学习习惯及交际策略，培养学生的创新精神和实践能力。

三、自主学习法和合作学习法在英语教学中的运用

1. 将主动权还给学生

教师要培养学生的自主学习意识，引导学生主动参与。学生自主性的发展只有通过学生的参与才能完成。让学生积极地自主学习和交流是英语课堂教学的灵魂，教师在教学中必须创设和谐友善的教学氛围，才能使学生乐于参与。在传统的教学模式中教师是课堂的主角，强调教师的中心作用，课堂"以教师为主宰"，学生处于消极被动的地位。而现在随着英语教学理论的发展，教师对语言的学习与教学有了新的认识。学生在课堂中主体角色的定位，使教师的角色发生了根本性变化，教师由过去的"主宰者"这个单一的角色变为课堂活动的组织者，同时也发挥着控制者、监测者、启发者、参与者的作用。当然，教师仍然还是信息提供者。自主学习不等于放任自流，要让学生真正实现自主学习，就要多为学生创造独立自主学习的条件。

2. 启发学生独立思考

独立思考，即思维的独立性，是自主学习的重要特征。教师培养学生自主学习，就是要善于引导学生独立思考，启发、引导学生碰到问题多问为什

么，从多角度去思考解决问题的途径，在众多的可供选择的答案中，迅速寻找到一个最佳答案。例如，在教学although与but时，可多给学生几个例子，如Although he is old，he is very strong. I like playing football，but it takes me a lot of time. 教师可引导学生先观察句子，理解句子的意思（学生不难知道，译成汉语时要用到关联词"虽然，但是"），随后让学生造出更多类似的句子，再引导学生归纳出although与but的用法。在这一教学过程中，学生积极动脑思考，既获得了语言的技能，又掌握了语法。

3. 培养学生自我调控能力

自我调控能力是自主学习能力中不可缺少的能力，是指学生完成计划、实施、调整、控制、反馈、评价自己的能力。它使学生能够有意识地依据自身实际情况制订学习计划，进行实践及评价，保持课堂高度注意力，主动参与分析、推理、归纳等认知过程，提出合理的，有挑战性的目标，主动预习、复习，主动拓展语言知识。

4. 引导学生重视评价

学生能自主、有效地学习，需要教师提供有利的外部条件。由于学生习惯不同，学习基础和生理、心理素质参差不齐，教师要因势利导，通过恰当的时机、途径和场合，让学生充分展示各自的特长，参与交际，正确评价自我。学生也需要同学的评价，以体验成功，增强自信心。学生一旦体验到学习成功的乐趣，自然诱发更为主动的学习心态，从而成为持久强烈的意识形态，内化为机制，实现自主学习。

5. 培养小组合作意识

小组合作学习通过师生地位的变换，为学生主动参与提供了条件。师生互动、生生互动让大部分学生从旁观者、配角转变为学习的积极参与者，也避免了传统教学一问到底的弊病。教师讲得少、讲得精，留给学生更多自主学习、相互交流的空间和时间。教师通过启发、引导，让学生在有一定难度的问题上开展合作学习，相互交流，达到"我教人人，人人教我"取长补短的目的，有效地提高了课堂教学的效率。

6. 创设多种合作方式

在英语课堂教学中，教师要给学生营造合作的氛围、相互合作的条件，让学生明白只有在大家相互协助下，才能完成任务。如问卷调查、短剧表演、单词接龙、情境对白等教学活动，只能在合作中才能完成。创设多种形式的合作学习能够实现课堂交往方式的多样化，得以将教学变成双向甚至多向、多维的立体交流、研讨和协作。

7. 营造宽松合作氛围

现在的教材集知识、趣味、实践于一体，有利于创造英语情境。教师要淡化课堂教学意识，根据教材内容营造英语氛围，设计生活语境，如购物、借东西、就餐、问路等。教师通过让学生在小组中自行扮演其中的角色，身临其境地学习英语，把严肃的课堂变成生动活泼的交际场所，从而形成教学高潮。

8. 科学处理形式整合

所谓形式整合是指合作学习在实施中要与其他学习形式进行有效整合，以求达到最佳效果。教师应先让学生独立学习和思考，在此基础上再开展合作学习。这个整合非常重要。独立思考是交流的前提，学生没有独立思考，没有形成自己的思想与认识，那么在合作学习中只能是观众和听众。教师必须给学生提供一定的独立学习时间，而且还应该要求学生在独立思考有了一定的结果时，要善于整理自己的思维，从心理上做好与人交流的准备。

9. 合理进行活动评价

小组合作学习的评价是培养学生合作学习的最后一个环节，但绝不是一个可有可无的环节。及时、公正、激励性的评价是促进学生合作学习的持久性动力。合作学习可以采取小组自评和教师评价相结合的办法。评价侧重活动任务完成、活动方式选择、组员参与和体验、对本组和其他组修正意见以及活动结果汇报表存档等内容。至于那些"目标不明、放任自学、草草评价或无评价"式的小组合作学习只是走过场、作秀，毫无意义。

总之，在这个注重知识的时代，想要掌握任何一门知识，离不开自主学习和合作学习。学生只有掌握开启学习和创造之门的钥匙，才能具有可持续发展的动力，才能真正自由地进入学习和创造的殿堂。作为教师的我们更应将自主学习法、合作学习法渗透日常课堂教学中，培养学生自主、合作学习能力。英语教师应改变过去那种"机械式的满堂灌""疲劳型的题海战"式的传统教学模式，激发学生的进取心，唤醒、发掘和提升学生学习和发展的潜能，多培养学生的合作意识和团队精神，发展学生深层次的思维、情感体验和认知参与意识，多培养学生的创新精神和实践能力。这是培养全面发展的人才的要求，更是学生终身发展的需要。

参考文献

［1］教育部.英语课程标准［M］.北京：北京师范大学出版社，2001.

［2］梁平.新课程与学习方式的变革［M］.北京：北京师范大学出版社，2002.

［3］王坦.合作学习论［M］.北京，教育科学出版社，1994.

［4］郭砚冰.英语课堂合作学习的实施与评价［J］.中小学外语教学，2002（9）.

［5］郑玉琼.论自主学习及其能力的培养［J］.中小学外语教学，2002（7）.

［6］高吉利，李秀萍.中小学英语教学与研究［J］.中小学英语教学与研究，2002（2）.

浅谈21世纪技能与英语课堂教学的整合

罗定市船步中学 邓洁红

"21世纪技能"，是指学习和创新技能，信息、媒体和技术技能，以及生活和职业技能。21世纪对人才的需求意味着学生需要具备上述这些技能。我结合多年来的教学实践，就如何将这些技能整合到英语课堂教学中，更好地提高课堂教学质量谈几点体会。

一、学习和创新技能与英语课堂教学的整合

学习和创新技能包括创造和革新能力、批判性思维和解决问题的能力。交流与合作，传统教学与现代教学之间的区别在于前者以教师为主体，后者以学生为主体。传统教学已经不能适应时代的发展要求，创新要求教师发展学生多元化的学习认知策略。其中的研究、交流、合作和问题解决等教学策略可以帮助达到课程标准要求，实现学习目标。在英语课堂教学中，我通常采用交流合作的策略完成学习任务。例如学习 *Saving the Earth* 这一单元，我把学生分成几个小组，让学生根据主题内容搜索材料，相互交流，合作完成任务。

二、 信息、媒体和技术技能与英语课堂教学的整合

信息、媒体和技术技能包括信息素养、媒体素养、ICT（信息、通信和技术）素养。在信息爆炸的时代，教师必须培养学生的信息意识和素养。谁掌握了它，谁就可以走在时代的前列。其中，信息技术与课程整合势在必行，它是

现代教育的一种手段。信息技术与课程整合是指在学科教学过程中，把信息技术、信息资源和课程有机结合起来，构建有效的教学方式，以此来促进教学的最优化。

在信息资源的收集当中必然离不开信息技术这门功课。课程教学与信息技术有效地结合将会促进教学过程更好地进行。比如为 *Saving the Earth* 这一单元搜集相关的信息时，要求学生具备以下课前技能：

（1）文件操作（复制、粘贴），压缩软件的使用。

（2）文档（Word）、演示文稿（PowerPoint）、电子表格（Excel）的编辑。

（3）网络应用，如查找所需内容（文字、图片、音视频）。

课堂上，教师用网络信息为学生提供辅助学习材料，以便学生更好地进行自主学习。课后要求学生充分利用博客，整理好手头上的资料，撰写博文，呼吁大家共同保护环境，保护地球。教师要求学生利用因特网技术强化所学习的内容和知识，并确保学生负责任合理地使用网络资源。教师利用网络既支持了自己的教，又支持了学生的学。21世纪是信息技术应用的时代，将信息技术及资源合理地应用到课堂上，教学才能有更好的成效。

三、生活和职业技能与英语课堂教学的整合

生活和职业技能包括灵活性和适应性，主动性和自主性，社交及跨文化技能，以及创造力、领导力和责任心。对于以上技能，我觉得对于培养一个全面发展的人才是必不可少的。

《英语课程标准》对基础教育阶段课程提出的新任务是：激发和培养学生学习英语的兴趣，使学生树立自信心，养成良好的学习习惯，形成有效的学习策略，发展自主学习的能力和合作精神，掌握一定的英语基础知识和听、说、读、写技能，形成一定的语言综合运用能力；培养学生的观察、记忆、思维、想象能力和创新精神；帮助学生了解世界和中西方文化的差异，拓宽视野，培养爱国主义精神，形成健康的人生观，为终身学习和发展奠定良好的基础。

新课程改革结束了过于强调学科本位、科目过多和缺乏学科整合的现象。学科整合的教学模式是我国基础教育教学改革的新观点，它的研究与实施为学生主体性、创新精神的培养创设了良好的基础，使教学观念、教学设计的指导思想，教师的角色和学生的角色都发生了较大的变化。教育者日益重视学生对所学知识的建构及学生能力的培养，教学设计从以知识为中心转变为以资源为中心，以学生为主体，学生在占有丰富资源的基础上完成听、说、读、写等各种能力的训练，学生成为学习的主体，教师成为学生学习的指导者、帮助者、组织者。在信息技术与英语学科整合的过程中，信息技术不仅是一种展示手段，解决教师如何教的问题，还是一种辅助工具，解决学生如何学的问题。把信息技术同英语学科教学结合起来，既是时代发展的必然要求，又是优化英语学科课程改革的有效方法。

素质教育就是要避免高分低能儿的出现。据调查，近10年来的高考状元70%有就业困难，10%外出会迷路。所以要教学生先学会生存的技能再追求生活的技能。我们的学生不能为了考试而学习，掌握生存技能才是学习的真正目的。因而我们的素质有多高我们的国家就有多强。另外，社交及跨文化技能也是我们首先要培养的。现在是一个开放性的社会，我们的国家也是一个开放性的国家，对世界是开放的。如果缺乏社交能力，怎么能够与外界沟通？那么学习再多的知识、掌握再多的信息技能也是无用的。所以应该在教学中多培养学生的社交能力，开阔学生的国际视野。也就是说，学生是否能说除了普通话之外的语言将关系他们在新的经济形势下的竞争力。在英语课堂教学中，往往有很多话题涉及跨国文化。譬如，讲到 *Spring Festival* 这一话题时，除了要求学生熟知中国的传统节日，如春节、中秋节、端午节、重阳节等，还要求学生知道西方的一些节日，如圣诞节、万圣节、感恩节等。教师有必要和学生说说西方的文化背景或者让学生自己搜集有关的素材进行小组活动。

平时，教师要积极创造条件，提高教师信息素养。网络教学具有虚拟性、平等性、交互性和资源共享性的特点，如何提高网络学习环境中的教师素养，有效地促进学生的学习，是现代信息教育发展的一个重要问题。对未来的教育，网络将越来越具有独特的教育价值。同其他新技术相比，信息技术教育更可能会成为社会的一个重要组成部分。信息技术的迅猛发展，使教师拥有了利用信息技术教育的条件和基础。但是，只有当教师知道如何应用网络，以及如何充分发挥网络在教育中的潜在优势，教育的未来前景才更充满希望和生机。教师要认识信息技术教育的优势，夯实信息技术教育在未来教育中应用的基础，并拥有在数字时代应用信息技术进行教学的能力和研究教学的能力。

社会在变迁，学生在未来生涯中，所需的技能也会随之改变。所以，一个成功的21世纪学生必须具有适应社会所需的各种能力：具有对抽象问题进行思考的能力，具有团队合作精神，具有对信息进行区分和判断的能力，以及具有说第二语言的能力。这些技能将对学生提高英语听、说、读、写等综合能力产生深远的影响。21世纪的课堂教学，作为英语教师也将会面临新的挑战。托尔斯泰说："成功的教学所需要的不是强制而是激发学生的兴趣。"。《英语课程标准》要求教师"创造性地设计贴近学生实际的教学活动"，吸引和组织学生积极参与，使学生能够获取处理和使用信息、用英语与他人交流、用英语解决实际问题的能力。只要教师树立以人为本的育人观，正确认识以上问题，就会拥有成功的英语课堂教学。

浅谈初中英语教学中的合作学习

罗定市廷锴纪念中学　黄宇明

一、合作学习的理念

远在2000多年前，中国的儒学大师在教育实践中就很重视合作并将之应用于教学情境中，倡导学习者在学习过程中要相互切磋，彼此交流学习经验，以增加学习的效率。当今关于合作学习理论的概念表述不一，下面是几种有代表性的表述。

（1）合作学习的主要人物之一，美国约翰·斯莱文教授认为："合作学习是指使学生在小组中从事学习活动，并依托他们整个小组的成绩获取奖励认可的课堂教学技术。"

（2）美国明尼达大学"合作学习中心"的约翰逊兄弟认为："合作学习就是在教学上运用小组，使学生共同活动，以最大限度地促进他们自己以及他人的学习。"

（3）我国台湾的教育学者林生傅先生在论及合作学习时指出："合作学习乃是一种创新的教学设计，目的在于使学习活动成为共同的活动，其成效关系到团体的荣辱。"

二、初中英语听、说教学的现状及原因分析

1. 现状

（1）初中学生英语水平参差不齐，学生的笔试成绩都还可以，但口语交际能力普遍较差。大部分学生能遵循初中阶段的学习方法，注重语法、词汇，忽视语言的交际实践功能。他们认为提高英语听说能力是为了通过英语考试。这类学生学习上缺乏积极性，更没有持久性。大部分学生对英语的听说存在畏难自卑心理，怕讲错、怕被人笑话。只有极个别的学生在课堂上思维活跃，积极参与听说活动，与教师配合默契。

（2）目前，英语听说能力训练的主要途径、培养和提高学生英语听说能力的主要渠道，都是课堂教学。学校创造的语言学习环境，如英语广播、英语角、网络资源等并未被学生充分利用，学校应该通过各种形式为学生英语学习创造条件，营造一种浓厚的课外英语学习氛围。

2. 原因分析

（1）过分注重传统教学模式

在观念上，过分以教师和语法讲解为中心，忽视语言的基本功能即表达功能。传统模式的初中英语教学一般都以教师为主导，通过教师的备课、讲解、练习来完成教的过程，遵循"生词—课文—语法—练习"这一教学程序。而在实际教学过程中，教师与学生过多地注重形式，多是以教师为中心，逐词、逐句讲解词语、句子的含意，过多地讲解词法、句法、语法，而学生主要是被动地听和记。这种教学模式使得学生仅仅熟识各种语法和掌握词汇，却无法灵活运用于实际交流。由此造成尽管有较长时间的学习经历，也无法进行简单的会话。与教师的主导地位相对应，学生在教学活动中的主体作用受到忽视。教师的讲解占去了课堂的主要时间，学生的实践缺乏足够的时间，从而使学生成为语言知识消极被动的接受者。

（2）教学方法陈旧

在方法上，教师或者注重分析理解，或者注重做题，造成了英语学习中

轻视口语和语言积累的现状。乏味的"填鸭式"教学将成百上千个单词、繁杂的语法规则强塞给学生，从而造成很多学生学习兴趣的缺乏。各种英语考试使得学生疲于应付，整日埋首于题海中无法脱身。这样的应试指挥棒使学生更多地关注语法、句型以及书面的阅读与理解，从而也造成学生实际运用能力的缺乏。更为严重的是学生把学习语言当作任务和沉重的负担而不是需要和享受，由此造成了学生对英语学习的排斥心理。

（3）听说训练无保障

对于初中生来说，听说训练极其重要，需要在练好听力，明白他人意思的基础上多用英语交流，提高听说能力。然而，由于缺乏系统教材，加之听力课时较少，学生在课堂上的听力训练极其有限。而应试的压力使许多学生根本没有时间进行听力训练和练习口语，结果导致他们所学的英语成为"哑巴"英语。

3. 合作学习

合作学习在英语听说教学中的应用众所周知，教学是一种双向活动，既有教师的主观能动作用，又必须发挥学生的主观能动作用。只有把这两个作用有效地结合起来进行教学，才能达到良好的教学效果。合作学习法能够把班级全体学生同时调动起来，开展口语交流与互动，可以让学生有较多的语言输入和输出的机会，并能模拟现实情境，以提高学生运用英语交际的能力。

（1）小组划分

教师可根据学生的性别、兴趣、能力、英语成绩等划分小组，做到合理搭配。以"组间同质、组内异质"为原则，将全班学生分成若干个学习小组，一般4~6人，这样划分既能保证小组各成员之间的互补性以及小组之间合理竞争的公平性，又有助于小组成员积极主动地参与学习过程，使小组成员彼此协助、相互支持、共同合作。

（2）角色扮演

角色分配是否合理会直接影响学生合作学习的效果以及学生合作能力的提高。教师可根据不同的合作任务分配角色，保证每名学生都能担任一定的角色，并负起责任。例如，让学生在听说课堂上做判断练习时，可让一名学生阅读问题，一名学生记录小组的答案或观点，一名学生核实答案并负责检查全组意见是否一致，一名学生负责向全班做口头报告。在多数情况下，还需要一个监控员或程序监督员来督促学生按时完成小组任务。各成员之间应经常调换角色，使每名成员都有同等的机会，锻炼社交能力、交际能力及组织才能。

（3）小组讨论

小组成员围绕某一话题或就找到某一问题的解决方法展开讨论，学生各抒己见，畅所欲言。最后，经过综合、加工成为小组意见。讨论可以在小组内进行，也可以在小组讨论的基础上，进行全班性的讨论。一些英语考题中的写作题目就是很好的讨论话题和素材。

（4）师生合作

在整个教学过程中，师生关系是民主的、平等的。教师充当控制者、组织者、指导者、协作者的角色，为学生创造和谐、宽松的学习环境，帮助学习小组顺利进行合作交流。同时，在集体讲授阶段，教师充当讲解者的角色。而在小组活动中，教师也可以参加任何一个小组的活动，并在其中扮演角色。

（5）小组评价

课堂小组活动结束后，应给予学生一定的时间进行小组评价。评价的对象应以组为单位，基本不针对学生个人。评价的内容包括合作小组的学习态度、学习方法、学习能力和学习效果等。评价应避免两种倾向：一是评价过于笼统含糊，如只笼统地说"好"或"不好"。这种评价无法使学生了解合作取得的学习效果。应具体指出"好"在哪里，"错"在何处。这种一分为二辩证的评价，有助于学生了解自己的学习效果，明确今后需要努力的方向。二是用简单化的否定评价，如用"不对""错了"等否定性的评价。这种简单化的评价会激起学生的求知欲望。这时，教师若能帮助学生找出存在的问题，并提出解决问题的具体办法，更能激发学生强烈的学习欲望。

合作学习以现代社会心理学、教学社会学、认知心理学、现代教育教学技术等为理论基础，以开发和利用课堂中人的关系为基本点，以目标设计为先导，以全员互动合作为基本动力，以班级授课为前导结构，以小组活动为基本教学形式，以团体成绩为评价标准，以标准参照评价为基本手段，在改善课堂内的社会心理气氛，提高学生的学业成绩，促进学生形成良好的认知品质等方面实效显著。

参考文献

［1］王坦.论合作学习的基本理念［J］.教育研究，2002（2）.

［2］王骞，王朝梁.以学生为主体的合作式教学［J］.新编大学英语，2001（5）.

［3］曾琦.合作学习的基本要素［J］.学科教育，2000（6）.

谈微课在初中英语教学中的应用

郁南县蔡朝焜纪念中学　王妙燕

随着教育信息化的兴起和教育主战场的占领，信息化的概念深深植根于人们的心中。其中，"微课"是教育信息化发展的新兴产物，是对中国传统教育模式的颠覆，为教师提供了教学新思路，符合学生个性化和综合化培养的教育理念。因此，教师应及时改变观念，积极参与微课教学。

一、注重课前准备环节

使用微观教学的主要环节是微课程的制作。首先，教师要根据教学目标创建微课程。微课视频可以将学生的注意力集中在一起，使学生对英语课程保持高度的兴趣，从而达到提高学习效果的目的。微课不受时间限制，教师应根据实际情况灵活设置教学时间。一般来说，教师先要通过微课程视频调动学生的注意力。虽然微观课程的内容不确定，但它必须与本课程的主题一致，一首欢快的歌曲、一段引人发笑的视频都可以。教师应特别注意微观课教学的备课环节，因为准备的质量好坏会直接影响教学的效果。初中阶段学生的情绪非常容易受外部环境的影响。因此，教师必须注意自己的行为举止，注重微观教学的课前准备。虽然微课程可以激发学生在课堂上的积极性，但千万不能忽视与学生的交流。只有不断地与学生进行沟通，才能更好地集中学生的注意力。例如，学习单词"edelweiss"的时候，教师可以提前制作一段微课视频，视频里展示了一段唯美的下雪场景。只见雪花大片飘落，同时响起了优美的歌声：

"Edelweiss，edelweiss，every morning you greet me. Small and white，clean and bright. You look happy to meet me. Blossom of snow，may you bloom and grow，bloom and grow forever."学生被优美的歌声吸引，会下意识地盯着屏幕，并对本节课的学习内容产生强烈的好奇心。这时，教师开始导入本节课所学单词："同学们，请猜一猜歌词里反复出现的'edelweiss'是什么意思？看一看哪名学生能够猜对。"有同学站起来说："是雪花的意思吧？""猜得不错，但是更准确地说是雪绒花的意思。"这样，在轻松愉悦的环境下，学生很自然地就记住了这个新单词。

二、利用微课增强英语课堂教学效果

微课与普通课堂不同。它具有教学时间短、教学内容少、资源容量少、主题突出、成果简化、多样传播、反馈及时、针对性强等特点。这是一种对英语课堂教学的有效补充，可以调动学生的注意力。但是，一些教师在使用微课程的过程中，过分关注教学技巧、教学内容，忽视学生在课堂上的体验，未能与学生进行有效互动，从而影响了学生的学习效果。因此，在应用微课时，教师应始终关注学生，开展丰富多彩的英语教学；要注意立足学生，为学生展开一段多彩的英语教学。例如，在学习 *Our World* 这部分内容时，教师给学生播放了一段在课前提前录制好的大约5分钟的微课视频。视频内容是关于"The Internet makes the world smaller"这一话题的。在视频里，教师分析了现实中人们使用互联网的实例了谈论了互联网带给人们的便利及影响。最后教师给学生出示了几个思考问题：How many students like studying on the Internet？How many students like shopping on the Internet？How many students like chatting on QQ、We Chat？How many students like playing computer games？学生观看视频后，都觉得不可思议，没想到互联网已经悄然无声地渗透自己的生活。接着学生对视频中的问题做了回答，教师及时与学生互动，对学生进行鼓励表扬并汇总学生答案。最后，教师让学生谈一谈互联网带给他们的影响。学生认为互联网在丰富他们生活的同时，也给他们带来了诱惑，互联网是一把双刃剑，需要合理运用。这样，教师通过录制微课，对*Our World*中"The Internet makes the world smaller"这部分内容进行了详细讲述，既方便学生反复观看，巩固知识，又使英语课堂氛围变得更加浓厚了。

三、微课在课后复习中的运用

微课不仅可以应用于课堂教学过程中，还可以应用于课后复习中。在完成课堂教学后，微课的学习价值并没有消失。例如，教师可以将其上传到网络磁盘，以方便学生下载复习。如此一来，学生可以在任何想复习的时候复习，摆脱了时间条件的束缚。微课将抽象的教材内容转化为生动的图像或视频形式，有助于学生加深记忆，大大提高了学生的复习效率。对于任何学科，课后复习都是不容忽视的，英语科目尤其如此。教师不仅可以将课堂教学视频上传，还可以根据学生的学习情况和知识难度创建适合学生复习的微课练习。学生可以通过观看、评论视频加深对知识的理解，从而更好地掌握新知识。许多初中生没有养成良好的复习习惯，他们没有意识到复习的重要性，也不知道如何复习。因此，初中英语教师应使用微课引导学生复习，以便学生学会复习，经常复习。

四、总结

作为一种新的视频教学，微课对学习英语有着积极的影响。目前，初中英语微课教学仍处于起步和发展阶段。教师应充分利用微课的优势，结合初中英语学科的特点和学生的特点，创新教学方法和教学过程，达到提高课堂教学效果的目的。

参考文献

[1] 王丽花. 浅谈微课在初中英语教学中的应用 [J]. 校园英语（中旬），2016（10）：164.

［2］冒晓飞. 初中英语微课的制作与应用［J］. 教学与管理（中学版），
 2015（8）.

［3］黄夏芹. 基于微课理论的初中英语课堂教学［J］. 中学生英语（外语
 教学与研究），2014（8）.

巧用微课和导学案，打造3A初中英语课堂

罗定第二中学　傅月红

所谓3A，就是借助互联网和IT技术，开展"自主学习，自我检测，自我评价"的3A（"Autonomy learning，Autonomous testing，Automatic evaluating"）教学方法。微课是一种新的教学方式，能使课堂教学变得更加具有个性化，能为学生创造一个良好的学习环境，同时结合导学案的教学方式，以学生为主体，能促进学生高效学习，培养学生自主学习的能力，有利于学生利用微课进行自我检测与自我评价，在最大限度学习英语，提高英语水平。下面主要从微课和导学案两个角度来探讨如何打造3A初中英语课堂。

一、微课

微课，不同于传统集体授课的教学方式，是指把教学的内容借助多媒体的形式表现出来，通过学生的自主学习，实现完整的教学活动，从而达到最佳的教学效果。每个教学视频对应一个知识点，将学生当作教学的主体，真正做到引导学生学习，而不是驱使学生学习。微课已经成为当下比较流行的一种教学方式，其主要原因在于微课具有以下这些特点：

（1）微课篇幅短小精致，学生可以将其作为学习字典，既可以作为课前预习的有效工具，也可以用于课后复习。学生可以对自己的知识漏洞自行填补，有利于夯实学生的学习基础。

（2）微课内容简洁，针对性强，选取教材中的重要知识点进行讲解，帮

助学生把握学习重点。

（3）微课不同于课堂教学，微课具有学习灵活性，学生可以根据自己的时间进行学习。利用微课进行课前预习，提高了课堂学习效率。

（4）微课的传播方式多样，既可以下载观看，也可以联网观看，不受地点的约束。

二、导学案

1. 导学案的概念

导学案是先由相关教师一起研究，然后教师个人备课，最后集体研讨制订出来的教学方案。导学案是以新《英语课程标准》为指导、以素质教育要求为目标编写的，用于引导学生自主学习、主动参与、合作探究、优化发展。

2. 导学案遵循的原则

（1）课时化原则。将一个课时的内容写到一个学案中，这样在上课的时候更有逻辑性和连贯性，同时又能够全面讲解知识点，提高课堂教学效率。

（2）问题化原则。将教学知识点融入日常生活或教学活动中，在教学过程中，教师适当提出一些问题，引导学生思考、自主学习。问题设置要有层次，要考虑学生的学习能力和教学要点，由浅入深，由易到难。

（3）方法化原则。教师在教学的过程中要考虑学生的实际情况，要经常站在学生的角度去考虑问题。学案中要考虑教学目标、疑难问题提示、解题思路、方法、技巧等内容，并适时给予学生一些提示。

（4）层次化、递进性原则。导学案的设计要做到因材施教，要让学习能力强的学生看到学习具有挑战性，要让学习能力一般的学生看到激励，要让学习能力较差的学生看到自己的进步和成长。导学要有一个梯度，了解学生的学习情况，循序渐进。

三、巧用微课和导学案，打造3A初中英语课堂

微课是一种教学载体，导学案明确了教学目标、教学方法。微课是针对

某个知识点进行讲解的，但是课程的设计也必须要严格按照规定的教学目标。因此要将微课与导学案结合在一起，制定一条完整的"教学链"，系统地进行教学，打造3A初中英语课堂。小学阶段学习的英语比较简单，但是到了初中，难度就上了一个较高的台阶，阅读、语法、作文，都是学生比较薄弱的地方。为了帮助学生更好地学习初中英语知识，一定要制订一个有效的教学方案，提高学生的英语成绩。

1. 制订导学案

根据教学目标制订完善的教学计划，教学计划中要涵盖学习目标、学习重点、学习难点、自主预习、合作探究、教师精点、自主测评、学习反思、拓展延伸，存在的问题等环节。

2. 微课的录制

要根据学案中制订的教学方案展开。学案中明确了教学重点和难点，录制微课的时候要挑出学习重点、学习难点进行讲解，明确预习内容，提高课堂的学习效率。例如在进行被动语态六个难点的教学时，教师可以对被动语态的基本结构、六个难点的逐一讲解、难点总结、巩固练习等内容制成视频。微课的设计还要体现生动有趣性，尽量选用较吸引学生眼球的图片、语言等，使学生可以感受到信息化时代的推进，知道英语知识是有实际作用的，进而提高学生学习英语的兴趣。课后，学生可以利用微课进行自主学习，提前学习上课时会学习到的新单词、语法，重复听教师的发音，这样在上课的时候就不会听不懂教师在讲什么，从而提高学习效率。

3. 微课还具有自我检测的功能

教师在录制微课的时候，可以根据学案中"自主测评"的内容，在微课最后几分钟给学生提出一些问题，让学生进行思考。然后在下一个微课中解答上一个微课中提出的问题。学生可以根据教师的解答找到自己的答案与标准答案之间的差距，进行自我检测。例如，教师用英文提出问题，用的词汇都是学生学过的，学生如果听不懂题目，那就说明自己在词汇方面有所欠缺，可以有针对性进行巩固学习。

4. 微课具有自我评价的功能

教师在录制微课的时候，可以根据学案中"学习反思"的内容，提出一些学生在学习这个知识点的时候可能会遇到的问题，并提出相应的解决方法。学生可以根据教师在微课中讲的这些内容，进行自我反思，思考教师讲的哪些句子或者词汇是自己不知道的，并根据教师提出的方法进行改正。

四、结语

综上所述，微课对初中生学习英语来说是一种很好的学习方式，学习时间具有灵活性。微课能够重复播放，学生对不知道的地方可以多次观看。同时微课的录制是根据学案要求展开的，里面的知识点及视频顺序都具有科学性。在导学案的基础上巧用微课，能够创设3A初中英语课堂，提高学生的英语学习水平。

参考文献

[1] 倪晓南.巧用微课，活化课前，打造高效英语语法课堂 [J].中学课程辅导：江苏教师，2014（6）：94-94.

[2] 刘瑶瑶.巧用微课，提升初中英语阅读教学效果 [J] 校园英语旬刊，2017（7）：110-110.

[3] 傅银英.巧用微课培养学生英语自主学习能力 [J].英语广场：学术研究，2017（12）：157-158.

[4] 张华，杨妍.基于现代信息技术支持下的3A英语教学模式研究 [J].决策与信息旬刊，2016（7）.

[5] 谢秀珠.构建高效的初中英语课堂教学机制——"导学案"教学实施的点滴体会 [J].厦门广播电视大学学报，2011，14（4）：71-74.

MOOC视角下英语微格教学的构建

罗定职业技术学院　邓伟英

英语微格教学是科学技术的产物，它通过视听设备对教学行为的信息反馈以及评价来指导相关培训者对课堂教学技能进行训练。这种理论以及方法使得培训者将培训理念和教学实践活动进行有机结合。当前教师在培训工作中理论和实践脱节，培训的形式都只停留在表面。很多时候当那些再次接受培训的教师在对教育培训进行质疑的时候，应该为其提供合适的培训方式。因为英语微格教学在理论和方法上有着操作性的优势，所以在中国英语新课改的培训领域里应该对英语微格教学进行实践。本文从MOOC视角下对英语微格教学的培训方法进行探寻，将培训英语教师的方式逐渐引入，构建一个能提高各种英语微技能训练效果的MOOC系统。

一、MOOC发展背景介绍

21世纪初，戴夫·科米首先提出MOOC（Massive Open Online Course）这一术语，它实质是一种范围广、可以在线学习的教育课程模式。它的发展是由于教育资源开放以及开放教育运动的日益发展而逐渐为世人所熟悉的。MOOC这一术语能够将西蒙斯和唐斯的"联通主义以及联通的知识"课程进行一定的描述。

开始设计这种网络课程的目的是为了方便在册的25名获得分数的学生进行缴费，同时能够让全世界在网上注册的课程学习者进行学习。令人意想不到的是，超过2000多已经获得学分的人在没有缴费的情况下有机会在网上点击学习了该课程。2011年，"人工智能导论"课程开放给超过190多个国家的16万名学习者，这多亏斯坦福大学的赛巴斯及其同事的无私分享。

当前，MOOC朝两个方面发展：cMOOC以及xMOOC。

二、微格教学的相关概念介绍

1. 微格教学的定义

Microteaching是微格教学的英文名称，它有不同的译法，如"微型教学""微格教学""微观教学""小型教学"等，"微格教学"的译法被国内大多数学者认同。微格教学与旧的训练准教师和师范生的方法有很大的不同，它使用的是现代化教学技术手段。微格教学创始人之一的美国教育学博士爱伦教授，给其下了这样的定义："微格教学是在一个空间比较小的，受到控制的特定训练环境里进行的，它让准教师或新教师重点熟练运用某一特定的教学技能和教学内容。"在进行微格教学实训时，指导教师采用任务分析法和行为分析法，把学生安排在一个空间比较小的、可以控制的特定课室里，把大的、复杂的技能逐项分解好，逐项进行训练，同时让组员之间进行评价和反馈，等练习者掌握各项微技能以后，再进行整体技能的综合训练，为以后宏观教学活动做铺垫。

2. 英语微格教学的定义

英语微格教学是微格教学的一个分支，如果想要实现英语微格教学的成功，首先就必须掌握微格教学。英语微格教学就是根据英语学科教学的特点，把微格教学的概念、特点和实施步骤及评价方案应用到英语课堂中，每个英语课堂教学技能的概念与作用、类型与设计、应用与评价都是参照微格教学进行的，即微格教学的方法、原则、理论都适用于英语微格教学。目前，我国各高等院校都在开展英语微格教学实训教学，旨在为社会培养合格的英语教师。

3. 英语微格教学的特点

英语微格教学就是把综合的课堂教学技能逐项分解，转变成容易掌握的单项教学技能，如导入技能、语言技能、提问技能、讲解技能、变化技能、强化技能、演示技能、板书技能、结束技能、课堂组织技能等。它具有重复性、定格性、比较性等特点。借助先进的现代教育技术和MOOC结合在一起的英语微格教学更具新颖性、反馈的及时性等显著特征。

三、MOOC视角下英语微格教学的构建

1. 整合英语微格教学内容

英语微格教学课程是融英语教学活动设计与英语教学技能于一体的实用的专业实践课程，是一门专业性较强的应用型课程，具有职业性强、操作性强的特点。根据中小学课堂教学模式、教学全过程及其规律的不同，教师在教学中对教学内容、训练项目应做出不同的选择，重点突出教案撰写、新课呈现、新课导入、新课练习、综合讲授等技能的训练。重点突破教案撰写、呈现新课和综合技能的培养，使学习者在实际工作中既能写出既符合要求的教案，又能在课堂上根据教案自如地演绎各种技能本领。

2. 提高教师信息技术素养和MOOC制作技能，开发英语微格教学MOOC课程资源及教学系统

为了提高英语微格教学的效果，构建实现翻转课堂的英语微格教学训练MOOC教学模式，要从教师课前教学视频的设计与制作、学生课前微视频自学、课堂师生互动答疑巩固、课后在线交流等方面入手。

（1）教师通过参加培训、自学、互助等途径提升MOOC制作技能。目前，MOOC的制作方式多种多样，其中常用的方法有以下几种：

①采用摄像机将教学过程拍摄下来。

②使用录播室或专业演播室制作。

③使用计算机的手写板和画图工具就教学过程进行讲解、演示，并采用屏幕录像软件进行录制。

④使用智能录制笔、手机、iPad等对纸笔结合的教学过程进行录制。

⑤采用录屏软件（Camtisia Studio，Snagit，CyberLink YouCam等）对PPT

进行讲解过程的录制，并辅以字幕、录音、影视等教学资源。其中，采用录屏软件录制PPT虽然使用的技术含量低，但教学效果好。

（2）开发英语微格教学训练MOOC教学系统，实现基于MOOC理念的英语微格教学训练教学模式的构建。通过数据库设计，视频播放个性化视频推送、学习进程社会化、师生在线交流、学生行为跟踪、自主学习等途径，实现英语微格教学训练MOOC教学系统的功能模块。学生按照教学系统设计的学习程序进行自主性、个性化交互学习。通过微视频的学习，巩固英语微格教学知识、提高英语微格教学技能；同时学生可以在学习的过程中开展自评和互评，培养自我管理、自我监控的能力。教师则根据社会发展需要来确定自己的教学目标，同时对教学各个环节做出及时和相应的改革和调整，建立个性化、开放式、以学生为中心的教学模式，教师在课堂内解答学生问题、订正学生作业，及时解答学生的疑惑，从而实现教与学在课堂内、外的互动，吸引学生的注意力，调动学生的积极性，从而提高教学质量。

3. 重视对英语微格教学的学习和研究

高校需要对英语微格教学的不同环节引起重视，对英语微格教学的学习和研究力度进行一定限度的加大；需要引发对理论学习的重视；对教学目的、教学目标、教材分析、教学技能的培训；以及掌握进行一定的了解，课堂教学比较灵活。需要正确地引导学生去观看优秀教师的示范课程。与此同时，需要对硬件建设引发注意，对教学需要进行保证，制定相应的政策，对相关事件进行落实，这样就能起到应有的效果。

4. 加强模拟训练

当前高校的教学时间得不到保证，需要将开设课程的时间提前或者将教学实践和训练时间延长。如果有可能，不同的院校可以跟附中进行合作，让学生参与进去，这样就能进行扎实的模拟训练。如此，学生不仅能够对英语微格教学的不同步骤和环节熟练地掌握，而且可以让学生在真实的环境里进行实践和演练，这样理论和实践就不会脱节，学生处理实际问题的能力也会逐渐提高。

5.强调英语教学技能的综合培养

英语教学技能主要分为两部分：一是课堂教学的基本技能，如教师的语言诠释技能、知识点讲解技能、问题设计技能以及提问技能。二是课堂调节和控制技能，如课文导入技能、课堂教学组织技能、操练技能等。在英语微格教学实施的过程中，需要对两种技能进行综合性培养。在"对主题进行导入—对课程进行讲解——巩固逐渐结束"的过程中，学生反映出来的相应技能的缺陷需要进行完善。英语微格教学不仅要对师范生的具体教学技能进行培训，也要对师范生的综合教学能力进行培养，令师范生的整体教学素质得到提高。

6.教师具体指导及评价体系的建立

教师具体指导：一是教师组织、引导学生掌握微格教学理论。二是教师组织和指导具体的微格教学实践。三是评价学生的教学记录，及时反馈指导，最后进行总结和反思，以便更好地指导。英语微格教学的主体是学生，但我们不能忽视教师的作用，没有教师的组织和指导，培养师范生综合能力将成为一纸空谈。有经验的教师了解教学过程中所有的错误和缺点，逐个指导，可使每名学生都有一种新鲜的感觉，学习不同的知识和技能。

根据Skinner的理论，"即时反馈"的信息是一个重要的微观教学步骤，包括"视频回放—自我分析—链路评估"。根据指导老师的评价和同伴的反馈，师范生在教学中会不断地调整自己的教学行为，从而提高自己的教学技能。在此过程中，"自我分析"的环节往往被忽视。事实上，"自我分析"作为教学实践反思的重要方法，是师范生的基础，学生将来从事教学活动，应贯穿英语微格教学的全过程。一个完整的评价体系应包括指导老师的点评以及学生的综合意见和自我反思，这是促进学生教学能力可持续发展的重要方法。

四、总结

总言，MOOC视角下英语微格教学需要进行构建。英语微格教学是师范学生在走向社会之前需要掌握的一种基本技能，其优势很多，也广受欢迎。

参考文献

［1］金海瑛.英语微格教学说课技能探究［J］.吉林教育，2011，22：10.

［2］林丽端.高师英语微格教学存在的问题及对策［J］.武夷学院学报，
    2009，1：68-72.

［3］郑永刚，王晓娜.论英语微格教学中的模因现象［J］.通化师范学院
    学报，2009，6：107-109.

［4］黄海.ASP.NET 2.0全程指南［M］.北京：电子工业出版社，2008：
    52-57.

［5］Wilkinson, Gayle A. *Enhancing Microteaching through Additional
    Feedback from Preservice Administrators*［J］. *Teaching and Teacher
    Education*，2009，12（2）：211.

［6］Douglas M. Kline, Charlene Riggle. *A Macro Approach to Relational
    Database Modeling.*［J］. *Information Systems Education Journal*，
    2005，3（35）：29-30.

［7］高嵩.高校大学英语微格教学中存在的问题及对策研究［J］.赤峰学
    院学报（汉文哲学社会科学版），2010，3：214-215.

［8］汪承萍.教师专业化背景下的高师英语微格教学实践探讨［J］.皖西
    学院学报，2010，4：145-147.

［9］林婵.谈高师英语微格教学中指导教师的角色［J］.中国农业银行武
    汉培训学院学报，2008，5：71-72.

［10］尹合栋.数字化网络微格教学平台的构建与应用［J］.中国远程教
    育，2012，5：69-75.

探讨MOOC视阙下英语微格教学的优势

罗定职业技术学院　邓伟英

重点剖析MOOC视阙下英语微格教学的优势。其优势表现在：能够将理论和实践进行结合；有着一定的新颖性，目的性比较明确；反馈有一定的及时性，学生的自主能力能够得到培养。

一、MOOC视野下的英语微格教学的优势

1. 理论与实践的紧密结合

微格教学的主要特点是基于行为主义心理学的理论，将复杂的教学活动分解进行教学技能操作，需要利用各种控制技术、现代教育技术，多媒体计算机进行系统教学和培训反馈。尽快融入课堂，联系学生、家长和这些教育现实环境的专业教师，可以促进教师教学理念（包括知识、技能、态度）的形成。原有的经验是概念形成的必要准备，因此熟练的教学技能的形成使"自我实现"成为可能。罗杰斯将人本主义教学理论应用于教学的研究与实践，强调"自我实现的个人意义""经验是最高的权威""学生自我"，确立了"情感教学过程理论"和"以学生为中心"的教学模式。只有学生掌握学习策略，知道学习什么以及能决定学什么，才能实现学习者自主学习和创造性地学习。

2. 新颖性

微格教学是由学生分别扮演教师角色、学生角色、教学评价人员和摄像设备的操作人员组成的微型课堂，在10～15分钟的时间内上一节课的一部分，

练习一两种技能。这种"自主"式的教学方法对被"填鸭"式教学变得麻木了的学生们而言无疑是一种新鲜的事物。上讲台已经让学生兴奋不已。此外，可以自主地操作一些较为先进的设备，如电视、录像机、摄像机等，更让学生对这一门课感到热血沸腾。在这样的课堂中，学生第一次看见自己的教态，第一次听到自己的声音，完全改变了以往仅旁人评说，而自己不能亲自感受的状况。即使是平常自我感觉良好，对老师和同学的意见不以为然的学生，看到自己的形象后也意识到改正的必要性了。因此有利于学生了解自己、改变自己，这些可见、可闻、可感、可行的事，是以往任何一种方式所做不到的。

3. 明确的目的性

微格教学通常是一种教学方法的实践，具有很强的目的。学生可以更清楚地了解每一类技能的要求。由于仅在实践教学的微观教学时使用，每个时间段10～15分钟，学生人数（8～10人）比较少，重点培养一个或两个教学技能，因此明确学习目的可使培训教师专注于教学能力和基本技能的形成。

4. 反馈的及时性

在微格中反馈分为四种类型：自我评价→录像回放→集体讨论→教师点评。这四种类型的反馈都在微格课堂结束后立即进行。讲课的学生可以根据自己的感官评价促使自己今后在这些方面做得更好。怎么去做？哪些做得不到位？这些总结可以为学生提供一个较好的参考。观察视频也能暴露许多问题。如一些学生不敢面对，目光躲闪，有很多小动作等。可以通过详细分析视频播放框，然后通过师生课堂集体讨论，发现问题，并对问题进行分析，进而解决问题。当然，在反馈中教师指导性的评论是至关重要的。听课教师"一语中的"，学生常常有"茅塞顿开"的感觉。通过及时反馈，教师可以立刻修改在新形势下的教学计划。及时反馈有利于师生发现问题，及时查找原因，发现和学习解决问题的方法，从而提高能力。

5. 学生自主能力的培养

微格教学很大的一个特点就是可以对学生的自主能力进行一定的培养。在指导教师对课程的任务进行安排并帮助学生弄清课程目标后，剩余的工作大多数都是学生主动去进行的。教师在备课时，需要对教材进行准备，而且要学生和教具都齐全。在选择教材的时候需要将课程标准和要求熟悉了解，对课程的教学目标明晰，对学生在年龄特点、知识基础、理解能力、学习方法以及个性特点方面都需要了解，这样方法才可以确定。

总而言之，微格教学从备课、上课到讨论、摄像，然后总结，整个过程都是学生自主参与的，不再是教师为主的"填鸭式"教学。学生自己听，自己看，自己分析，既能在很大程度上了解自己，也能有针对性地对自己进行改进，使得学生的学习积极性得到不断的激发。

二、总结

很多年的教学实践使得我们越发认识到微格教学对于"高师"学生培养的重要性。微格教学可以使师范学生从"别人强迫他们练习"转变为"主动自我学习"，而且在实践过程中，理论和实践相结合，形象具体、操作性也比较强的教学方法也就形成了。这也是对高职学生教学基本功进行锻炼的有效方法。虽然不能在很短的时间将师范生的个人素质和习惯以及教学中将面临的问题都解决掉，也不能将普通教师变成优秀教师，但是的确可以改善教师的教学能力。

参考文献

［1］金海瑛.英语微格教学说课技能探究［J］.吉林教育，2011，22：10.

［2］林丽端.高师英语微格教学存在的问题及对策［J］.武夷学院学报，2009，01：68-72.

［3］郑永刚，王晓娜.论英语微格教学中的模因现象［J］.通化师范学院学报，2009，06：107-109.

［4］黄海.ASP.NET 2.0全程指南［M］.北京：电子工业出版社，2008.

［5］严瑾.基于Web2.0的微格教学系统研究［D］.重庆：西南大学，2010.

［6］孙伟彦. Podcasting在微格教学中的应用研究［D］. 重庆：西南大学，2010.

［7］周湘梅. 基于网络的数字微格教学技能评价［D］. 金华：浙江师范大学，2007.

［8］赖小慧. 微格教学法在中小学英语教师教学技能培养中的运用与探讨［D］. 成都：四川师范大学，2014.

［9］杨田静. 关于提高高师音乐微格教学有效性的研究［D］. 长春：东北师范大学，2010.

［10］关晨. 论英语微格教学中的评价标准设置［J］. 河北软件职业技术学院学报，2011，02：42-44.

手机视角下的板书技能训练

罗定职业技术学院　邓伟英

板书技能是教师应当具备的教学基本功和必须掌握的教学技能，也是学生激发兴趣、启迪智慧、活跃思维、获取教学信息进而习得知识与技能的主要途径。在科学技术日新月异的今天，手机不但集拍照、通信、上网、视频录制等功能于一身，而且相当普及，利用手机的这些功能对教师的板书技能进行训练，不失为一种大胆的尝试和勇敢的创新。因此，本文以此为视角，对利用手机提高教师板书技能的可行性研究及具体训练策略进行了论证和探讨。

一、理论基础

1. 普遍联系原理

唯物辩证法认为，联系是世界上一切事物的客观本性。也就是说，世界上任何事物、现象都不是绝对孤立存在的，而是与其他事物、现象之间存在着客观联系，如相互联结、相互依赖、相互影响、相互作用、相互转化等。而且这种联系又与世界相统一，呈现复杂而多样的特征。

（1）不同质事物具有不同质的内部和外部联系，如生命界的遗传联系、社会联系、生态联系等，非生命界的机械联系、化学联系、物理联系等。

（2）同一事物的多样联系，如社会的生产关系、民族关系、精神文化关系等。

（3）事物在发展过程中各个阶段的不同联系，如人在从小到大的生长过程中，由于不同的生长、社会需要，人们与周边事物会产生多样化的不同联系。

由此，从教育的角度看，人们使用的手机和学生板书技能训练之间，也存在着某种联系。手机的出现，不但方便了日常生活中人们彼此之间的联系，而且通过其拍照、上网、录制视频等功能还可以传递信息，充当学生板书技能训练的"媒介"和"桥梁"。

2. 职业技能的重要性

职业技能的定义为，按照国家规定的职业标准，通过政府授权的考核鉴定机构客观公正、科学规范的评价和认证的专业知识和技能水平。简单地说，指学习者将来就业所需的技术和能力。由此可见，职业技能的重要性有两点：

（1）职业技能是社会发展的重要因素。科学技术是第一生产力。随着社会的进步与科技的发展，社会生产力已不再是单纯的劳动者的劳动力，而是客观的物质手段（如机器、仪器、设备等）和主观精神因素（如知识、技能、经验等）相结合的产物。职业技能已经成为构成生产力重要环节不可或缺的因素，并推动着社会的发展和进步。

（2）职业技能是个人就业的先决条件。市场经济体制下，彻底打破了"铁饭碗"和"金交椅"，劳动力需求全部由市场调节，竞争不可避免。在这种形势下，个人就业就要凭自身职业技能公平竞争，优胜劣汰。而且，我国实行就业准入制度，从事技术复杂、通用性广、涉及国家财产、人民生命安全和消费者利益职业（工种）的劳动者，必须经过培训，并取得职业资格证书后方可就业上岗。从事教师职业的工作者也必须具备一定的职业技能，如板书技能等，并取得教师资格证后才能走上岗位，教书育人。

二、板书技能在教师职业中的重要性、必要性

教学的本质是在课堂上师生双方进行信息传递。其中，教材上的文字、图表，师生间的口头语言、肢体语言、体态语言，教师展示的多媒体课件以及书写的板书，等等，都是信息的载体。在这些信息载体中，板书是一种最为简

洁、形象且无声的书面语言，不但可以加强学生从有声语言中获得的知识信息的印象，还可以创设出课堂教学的完美意境和和谐气氛，从而激发学生强烈的认知共鸣和美好的情感体验，达到"此时无声胜有声"的教学效果。而且，板书技能亦是教师必须具备的基本技能之一。具体而言，板书技能在教师职业及学生学习的过程中有以下几点重要性和必要性。

1. 突出教学重点，引导、启迪学生思维

（1）由于受到黑板面积和教学时长的限制，教师的板书都是经过精心设计的，有着条理性、层次性、有序性、整体性的特点，只显示教学的重点、要点和难点，有利于加深学生的记忆。

（2）板书独特的线索式结构有助于启迪学生的线性思维，从而将他们的思维由形象引导至抽象。

2. 提示教材内容的内在联系，帮助学生构建自己的知识图式

板书内容是对教材要点及关键内容的概括和提炼，其本身就是将教材知识进行系统化和结构化的一种体现，可以视作对学生所学知识的"图式"呈现，有助于帮助学生学会怎样学习。

3. 长时间传递信息，加强信息的刺激强度

板书是教师课堂讲述内容的浓缩，并以文字形式记录于黑板之上，可以长时间地保留。将信息要点滞留，有利于课后进行归纳总结，也便于学生在整节课随时回顾查看，从而达到加深理解、强化记忆的效果。同时，板书使教师教学实现语言讲述和视觉表达的结合，突出和强化了教学信息，不仅有助于学生眼、耳并用双重解码进行理解，而且还有利于学生记忆、思维双重编码进行再加工处理。

4. 便于教师处置突发问题，主导课堂教学

板书教学的方式简单、灵活，对教学设施硬件要求不高，只需一支粉笔、一只黑板擦即可轻易操作，便于教师处理教学过程中的突发事件。同时，由于板书都是教师在讲课时根据教材内容边讲边写，有助于长时间吸引学生的注意力，并将学生的注意力随着教师书写笔画和语言讲解的转变而转移，从而实现教师对课堂教学的主导和节奏控制。

由此可见，利用板书，教师可以十分方便地讲解、设疑、提问、分析、归纳、处理学生提出的突发问题等，从而使得整个课堂教学活动既能在教师的主导之下有序进行，又能在学生积极自主的思维活动之中进行，从而实现课堂教学高效。规范、美观、整洁、条理的板书是教师的独具匠心之作，也是教师必备的教学基本功之一，教师必须重视。

三、手机视角下的板书技能训练策略

学生板书技能训练策略主要是通过手机的录像、拍照、储存、上网等功能实现的。

1. 录像

（1）对教师板书教学过程进行录像。"师傅领进门，修行在个人。"通过手机的录像功能，学生可以把教师在课堂上板书教学的过程记录在手机中，在课下自行回顾、复习和总结，进而能够更加悉心揣摩和领悟教师的板书技巧。

（2）对自我板书训练过程录像。模仿也是一种学习，通过观看教师板书录像，学生也可以自行模仿训练，将自己的板书训练过程拍摄下来，然后交给老师观看，让老师指出其中的不足与优点，做到有的放矢、扬长避短，从而切实提高学习效率。

2. 拍照

拍照是手机的基本功能之一，手机的拍照功能应用于板书技能训练，主要是在课堂之外。教师在讲授有关板书书写的形式、类型、布局和要求后，可以布置学生每周做一次板书作业。例如，自选内容在任何时间、任何一块黑板上练习板书，并把自己的作业拍成照片，存储在手机上，然后以邮件的形式发给老师批改。这样既可以不受时间和空间的限制，又可以让学生按照自己的时间来完成作业，切实增强学生练习的积极性。

3. 储存

储存的板书教学照片、录像远比学生的记忆更准确、生动和持久。因此，学生可以将教师有声有色的板书教学过程长时间地保存下来，方便随时随地进行查阅与学习。另外，对于学生自行拍摄的板书设计照片，既便于学生进行自我反省，同时也可以使学生看到自己的进步。手机的储存功能使学生既有了自己的"录像教学资料库"，又有了"个人成长档案记录库"。

4. 上网功能

上网功能运用于板书技能训练主要有三大用途：

（1）通过手机的上网功能，学生可以将录像、照片传递给教师。

（2）网络上信息众多，既可以为学生的板书技能训练提供素材，又可以方便学生在板书技能训练过程中遇到难题时进行搜索、求助。

（3）与教师或同学交流。通过手机的即时聊天功能，学生可以随时随地与教师或其他同学方便快捷地对板书训练的心得、经验等内容展开讨论和交流，从而实现信息互补、共同进步。

四、手机视角下板书技能训练的优点

1. 有利于学生自主学习意识的培养

自主学习意识是学生具备的"管理自我学习能力"的意识，包括"确立学习目标""选择学习内容与进度""使用正确的学习方法""监督学习过程"及"评估学习结果"等几方面的内容。人们通常把自己的行为归结于外因和内因两种。外因包括运气、环境及任务难度等，内因包括人的能力、品质、态度、动机、努力程度等。传统的教学方法，是让学生在课堂上进行板书演练，较为枯燥呆板，而且容易增加学生的恐惧和紧张心理。而利用手机进行板书技能训练，方式新颖，突破常规，为学生营造了一个"教学与数码结合"的崭新学习环境，使学生耳目一新，不仅体现了现代教育与时俱进的全新理念，而且，手机作为人们现代生活的必需品，功能繁多，携带方便，趣味性强，深受学生的喜爱，使之与板书技能训练结合势必会得到广大学生的推崇与欢迎，在不知不觉中，学生的自主学习意识得到了培养。

2. 有利于开展形成性评价

形成性评价是一种过程性评价，旨在确认和激发学生的潜力，发展和改进学生的学习。形成性评价关注的是学生在日常学习过程中的表现，即对学生在学习过程中的情感、态度、策略及其学习成绩等进行综合评价，目的在于帮助学生有效调控学习进程和状态，获得成就感和自信心，培养合作精神，以发展和深化学生的学习能力。形成性评价是现代教育"以人为本"核心理念的直接体现，对关注学生的进步和成长，给予学生多次改正和提高的机会，发展和展示学生所学技能和知识，培养学生终身学习习惯都有着积极的、重要的现实意义。利用手机进行板书技能训练，从学生的兴趣出发，以人为本，给予每一位学生操练和实践的机会，以及自主选择训练时间和课题的权利。最重要的是，利用手机进行板书技能训练，可以为每名学生建立自己的"个人成长档案记录库"，将学生以图片、录像等形式记录的板书训练存储备份，记录他们的成长点滴和进步，有利于形成性评价的开展，从而更直观、更形象地了解和掌握学生的成长及学习需求，促进他们的长足发展。

3. 打破训练的时间和空间局限

传统的板书教学局限于课堂内，容易受时间和空间的限制。众所周知，初中虽不如高中学业繁重，却也课程众多，因此，对于学生而言，要想在有限的课堂教学时间之内，学习和掌握系统且技巧性极强的板书训练要点并非易事。因为，在45分钟的课堂时间中，除去教师的内容讲解外，留给学生实践的时间所剩无几，教师要想安排每一位学生进行现场、实时的课堂板书训练，给予每一位学生操练和实践的机会是不可能的。而手机的出现，则使这些"不可能"变成了"可能"。首先，学生可以利用手机将教师的板书拍照或录像，回去以后进行观摩、学习或者回味，从而有更充足的时间细细品味和消化教师的所讲内容。其次，教师可以有充足的时间讲解板书技能的训练技巧，然后留下课后作业，让学生在课下自行完成并以图片或者录像的方式提交。由此，课堂教学就由课内延伸到了课外，打破了训练时间和空间的双重局限。最后，由于没有了时间和空间的限制，可以降低学生的紧张心理和焦躁情绪，让他们有足够的时间，并在轻松的心态、宽松的环境下完成并交出一份更有品质的板书训练作品。

4. 增强了教师的个人魅力

教师被誉为人类灵魂的工程师，教师不但是先进文化的传播者，同时也是精神文明的塑造者。这正是教师职业的魅力所在。但是，在传统观念下，对于教师而言，其魅力则主要来源于学识、语言和人格，即学识渊博、视野宽泛、语言幽默、举止得体、人格正直、以身作则。而在科学技术突飞猛进，观念日新月异的今天，与时俱进也应该成为衡量教师个人魅力的一条标准。将手机引入板书技能训练，正是教师与时俱进的体现。

（1）以手机为"媒介"，使其成为教学的工具。教师首先要学会使用现代多功能的智能手机。这既可以一改教师认真严厉、墨守成规的严肃形象，又能够在学生心目中树立时尚、新潮的印象，从而拉近师生之间的距离，与学生"打成一片"。

（2）网络上讲究人人平等，手机除了可以作为教学"载体"，其还有许多扩展功能，如微信、微博、手机QQ等。教师利用这些功能可以随时随地与学生展开学习和生活上的交流，并在指导学生进行学习的同时，关心学生的生活。在这种平等与关怀中，学生更能敞开心扉，与教师畅所欲言，从而形成"良师益友"的和谐师生关系。由此可见，手机可以使教师的个人魅力得以更充分的展示，使教师在学生心目中的凝聚力和指引力大大增加。

五、手机视角下板书技能训练的效果

通过对学生板书技能训练满意度调查可知，此训练方法实用性强，手段独特，融传统教育技术和现代科技手段于一体，不仅深受学生喜爱，而且效果良好。板书技能实训效果满意度调查表如下。

板书技能实训效果满意度调查表

年级	非常满意（%）	基本满意（%）	不满意（%）
2008级	30.5	66	3.5
2009级	32	65.5	2.5
2010级	36	62.5	1.5

在2012年广东省首届英语教育师范生技能大赛中，用此策略训练的学生凭借出色的板书技能荣获一等奖（1人）、二等奖（1人）、三等奖（2人）的好成绩。由此可见，利用手机进行板书技能训练不但可行，而且行之有效。

参考文献

［1］肖前.辩证唯物主义原理（修订本）［M］.北京：人民出版社，1991（9）.

［2］雷通和.论职业技能培训的重要性［J］.职业，1997（4），28-29.

［3］李丽荣.教学中的板书技能［J］.内蒙古电大学刊，2006（1），105-106.

［4］杨天地.试析英语教学中的形成性评价［J］.教学与管理，2010（24），77-78.

高效备课与应用

仁爱版九年级（上）Unit 1 Topic 1 Section C & D导学案（1）

罗定市廷锴纪念中学　黄宇明

课题	Unit 1　The Changing World Topic 1　Our country has developed rapidly Section C & D	课型	新授课 阅读课
学习目标	1.语言知识。 （1）单词：课本第127页 Unit 1 Topic1的单词（narrow ~ abroad）。 （2）重点词组和句型：打印并发放给学生进行"课前预习"。 （3）语法：现在完成时态 have/has +done。 2.语言技能。 （1）要求培养学生借助图片和语境猜测词义的能力。 （2）通过阅读、搭配词义活动，使学生在语境中理解词汇和短语。 （3）通过细读Section C 全文，让学生找出段落主题句和主要信息（设置问题）。 （4）通过阅读Section D 全文，让学生了解人们日益改变的休闲方式，在把握通篇的基础上对全文结构进行划分并概括各部分大意，做到从语篇结构上宏观理解全文。 3.学习策略。 （1）掌握记笔记的方法，记录重点内容，帮助记忆和表达。 （2）合作策略：能够与小组其他成员合作讨论家乡的变化、传统和现代休闲方式的不同。Section C 2部分掌握通过写出段落主题句组织写作思路的写作策略，进一步提高写作能力。 4.情感目标。 （1）在小组活动中能与其他同学积极配合与合作。 （2）能够感受并珍惜当下的美好生活，树立正确的人生观、价值观。 5.文化意识。 （1）通过学习，了解北京乃至中国的变化。 （2）通过学习，了解中国传统的和现代的休闲娱乐方式。		

续 表

课题	Unit 1　The Changing World Topic 1　Our country has developed rapidly Section C & D	课型	新授课 阅读课
重点	1. 现在完成时； 2. 动名词、不定式作主语的用法； 3. 辨析：few/little；spend/pay/take/cost 的用法		
难点	现在完成时的正确使用		
知识拓展	学生通过小组讨论、查询资料，做海报等实践活动综合运用本话题所学词汇、短语、功能句、语法等知识，进一步提高综合运用语言的能力		

预习指引——自主学习

一、单词学习（20 min）

1. 请把Unit 1 Topic 1 Section C 的单词按词性分类。［九年级（上）第145～第146页。］
2. 把每个单词的元音标出、规范读音，并注释中文。

		1	2	3	4
n.		communication	report	relative	telegram
		reform	fax	machine	progress
		leisure	cellphone	hide-and-seek	chess
		radio			
v.		satisfy	hide		
adj.		narrow	medical	rapid	pleased
		various	spare	recent	
adv.		rapidly	already	abroad	
prep.		since			
Phrases（短语）		in the 1960s	keep in touch with	far away	reform and opening-up
		satisfy people's needs	medical care	make progress	succeed in doing sth.
		play hide-and-seek	in one's spare time	make a tour abroad	play an important part in
		in the open air	play chess	roll iron ring	what's more

二、句型学习（25 min）

1. 根据中文提示，在课文（第5页&第7页）画出下列重点句，将其写出，并用符号标出相应句子成分。（符号：主语 "="，谓语 "—"，宾语 "~"，定语 "（ ）"，状语 "［ ］"，补语 "< >"，主、从句分割 "‖"）。

（1）为了完成这项报告，我采访了我的奶奶。（画出并写出其现在完成时态结构，_____ + _____ 。）

续 表

课题	Unit 1　The Changing World Topic 1　Our country has developed rapidly Section C & D	课型	新授课 阅读课

（2）她见证了北京的变化。（画出并写出其现在完成时态结构，_____+_____。）

（3）改革开放以来，中国发展迅速。（画出并写出其现在完成时态结构，_____+_____。）

（4）人们的生活条件大为改善。（画出并写出其现在完成时态结构，_____+_____。）

（5）北京取得了快速的进步，而且已经成功主办了2008年奥运会。（画出并写出其现在完成时态结构，_____+_____。）

（6）改革开放以后，中国人有了更多的时间去参与各种各样的休闲活动。（画出并写出其现在完成时态结构，_____+_____。）

2. 重点句型（画出句子成分，并背诵这7个重点句型）。

（1）Big families were crowded into small houses.

（2）Many families couldn't get enough food.

（3）Few children had the chance to receive a good education.

（4）I think it is important to remember the past, live in the present and dream about the future.

（5）Leisure activities play an important part in people's lives.

（6）Watching operas and listening to the radio were the main activities in their spare time.

（7）They go to visit some places of interest, and some people even make a tour abroad to see the world.

三、《同步练习册》（第3~7页，完成练习）

四、预习后我希望老师给我解答的疑惑

1. _____

2. _____

课堂导学——教师导学

Step 1　Pre-reading（5 min）

Show some pictures to learn something about Beijing, and learn the new words.

Step 2　While-reading（阅读课文第5页和第7页，完成以下练习）（20 min）

1. Fast reading.

【学习指导：抓住每段的首句或者关键词扫读（scanning）】

Read the passage and find out the topic sentence of each paragraph（Section C）
（1）_____
（2）_____
（3）_____
（4）_____

续 表

课题	Unit 1　The Changing World Topic 1　Our country has developed rapidly Section C & D	课型	新授课 阅读课

2. Detail reading【学习指导：针对不同的题型，使用不同的阅读技巧。主旨题要立足全文，重点关注段首、句尾。猜测词义要注重上下文联系。答题过程中画出答题依据。】

part A：Read the passage and answer the following questions.（Section C）

（1）Were the roads narrow or wide at that time?

（2）Could most families have delicious foods?

（3）Why didn't they see a doctor when they were ill?

（4）How did people keep in touch with their relatives and friends?

part B: Read the passage and choose the correct answers.（Section D）

（5）How many leisure activities are there in the past?

A. Many.　　　　B. Little.　　　　C. None.　　　　D. Few.

（6）Kids often got together to _____.

A. play cards　　　　　　B. listen to the radio

C. play hide-and-seek　　　　D. play games on computers

（7）Why do Chinese people do all kinds of leisure activities now?

A. Because they have a lot of money.　B. Because they have time and chance.

C. Because they don't want to work.　D. Because they are too free.

3. 根据课文内容，完成下列表格（Section C）。【学习指导：理解题意，并画出每个问题的关键词（往往是从句前的单词）】

The date that the living conditions in the city were poor	8	
The way that they kept in touch with their friends and relatives far away before	9	
The person who has seen Beijing	10	
The place that children can study	11	
The thing that we should remember，live in，dream about	12	

Step 3　Post-reading

1. Watch the video and read aloud the passage.（5 min）

2. Learn the language points of this unit.（15 min）

3. 根据课文内容，完成下列的短文填空。（10 min）【学习指导：1. 看主题句；2. 上下文看；3. 分析句子成分；4. 看词性及是否需要变形。】

　　In the 1960s，the living conditions in the city were ____. The roads were narrow and there weren't many ____ roads. Big families were _____ into small houses. Many families couldn't get enough food. Few children had the _____ to received a good education. People _____ little money to see a doctor. And there were ____ hospitals. People kept in touch _____ their friends and relatives far away mainly by letter or telegram.

89

课题	Unit 1　The Changing World Topic 1　Our country has developed rapidly Section C & D	课型	新授课 阅读课

达标检测

完成以下阅读理解，并选择正确答案。（10 min）【学习指导：针对不同的题型，使用不同的阅读技巧。主旨题要立足全文，重点关注
段首、句尾；猜测词义要注重上下文联系。】

　　Kitesurfing as a water sport began in the 1980s, but didn't get popular until the end of last century. It is also known as kiteboarding, and in some European countries as flysurfing. Kitesurfing works through wind power（动力）by using a large kite to pull a rider on the water at high speed.

　　At first, kitesurfing was a difficult and dangerous sport. Now it is becoming easier and safer because of the safer kite design. For an able and strong person, kitesurfing can be a very fun, extremely exciting sport, just like skating on the water with a feeling of flying. It has become more and more popular.

　　Compared with other water sports, kitesurfing is easier to learn. A beginner can understand how to operate the kite with 5～10 hours of training. And anybody aged from 13 to 65 can learn. It is not expensive to get the equipment for kitesurfing, which costs \$1,000 to 82,500. Training lessons **range** from \$200 to \$500 for two or three hours.

　　With the development of its equipment（装备）progress, kitesurfing is becoming even safer. After some training, you can enjoy its excitement and challenging feeling. With the rising popularity of kitesurfing, most major seaside cities have kitesurfing clubs. In China, Xiamen is the only place that has the kitesurfing club, which provides professional kitesurfing training and equipments.

1. Kitesurfing has a history of about _____ years. （　）
A. 30　　　　　B. 50　　　　　C. 100　　　　　D. 130

2. _____ is mentioned in the passage as the power of kitesurfing. （　）
A. Water　　　B. Wind　　　C. The sun　　　D. The kite

3. The underlined word "range" in the passage means "_____" in Chinese. （　）
A. 在……范围内变动　　　　B. 按……顺序排列
C. 向……方向延伸　　　　　D. 根据……归类

4. The most important reason for the popularity of kitesurfing is that _____. （　）
A. its price is getting lower and lower
B. more and more people are enjoying its excitement
C. its equipment progress makes it easier and safer
D. all people can learn and take part in it

5. The main idea of this passage is about _____. （　）
A. the way of operating kitesurfing　　B. the progress of kitesurfing equipment
C. the history of kitesurfing in China　　D. the development of kitesurfing

课题	Unit 1　The Changing World Topic 1　Our country has developed rapidly Section C & D	课 型	新授课 阅读课

课堂小结

结合课文内容进行课堂小结。（10 min）

1. He has lived in Hunan _____（自从）1998.

2. If you are friendly to others，you'll have _____（越来越多）friends.

3. There are lots of clothes to _____（满足人们的需求）in that shop. I like doing some shopping there.

4. Tom is good at sports. He can _____（不仅）play basketball _____（而且）play tennis.

5. You can send me the message by _____（传真）.

1. Li Ming has _____（取得很大进步）in English，because he studies hard.

2. China has succeeded in _____（send）Shenzhou Ⅹ into space.

3. I have _____（已经）had lunch. I am full.

课外作业

1. 必做题。

（1）先背诵后默写Unit 1 Topic 2 Section C & D的单词、词组和重点句；

（2）完成《限时训练》Week Two。

2. 选做题。

预习Unit 1 Topic 2 Section C& D，完成学案"预习指引"

仁爱版九年级（上）Unit 2 Topic 3 Section C 导学案（2）

罗定市廷锴纪念中学　黄宇明

Before class（课前）：

1. Surf the Internet to find out modern technologies about protecting the environment.

2. Preview the words of this section and the usages of the words.

Teaching procedure（教学过程）

Step 1. Learn the new words（学习新单词）

1. Learn the new words of this section.（学习本章节的新单词）

A. 识记词汇：（Remember the meaning，the spelling and the usages）

1. renewable / rɪ'njuːəbl / *adj.* 可更新的；可再生的 re—重；再　redo，retell，rewrite	2. disadvantage / dɪsəd'væntɪdʒ / *n.* 不利因素；障碍；不便之处 dis—否定意思　　dislike，disable
3. per/pə（r）/prep. 每，每一	4. German / 'dʒɜːmən/ *n.* 德国人；德语 写出German和human的复数
5. best-known 最知名的	6. efficient / ɪ'fɪʃnt / *adj.* 效率高的、有能力的
7. wave / weɪv / *n.* 挥手；招手；海浪	8. deep / diːp / *adj.* 深的；厚的 *adv.* 深深地；在深处
9. run out 用完；耗尽	10. sunlight / 'sʌnlaɪt / *n.* 阳光，日光

B. 识别词汇：（Knowing the meaning of the words is OK.）

acid / 'æsɪd / rain 酸雨	2. nuclear / 'njuːklɪə（r）/ *adj.* 原子核的；原子能的
3. biogas / 'baɪəʊɡæs / *n.* 生物气（尤指沼气）	4. technology / tek'nɒlədʒɪ/*n.* 技术
5. straw / strɔː / *n.* 稻草；麦秆	6. electric / ɪlektrɪk / *adj.* 电的；带电的；发电的
7. process / prə'ses / *n.* 过程；工序；*v.* 加工；处理	8. require / rɪ'kwaɪə（r）/ *v.* 要求；需要
9. maglev / 'mæɡlev / train 磁力悬浮火车	10. wheel / wiːl / *n.* 轮子；旋转
11. guide / ɡaɪd / *n.* 指导者；向导；导游	12. path / pæθ / *n.* 小路，路；路线；路程
13. steel / stiːl / *n.* 钢，钢铁	14. worldwide / wɜː'ldwaɪd / *adv.* 遍及全球地
15. source / sɔːs / *n.* 根源；本源；源头	16. steam / stiːm / *n.* 蒸汽；雾

（Tips：Divide the words into two kinds. The first kind of words ask the students to remember the meaning, spelling and usage of the words. The second kind only need to know the meaning of the words. This can help students understand the requirement of the words. In this way, different students can remember the words differently. ）

2. Play a game.（玩游戏）

Teacher prepare some small cards and write down the new words on them. Ask the first student from each group to choose one card. He/She has to remember the word and tell the next one lightly. The next one tell the third one until to the end of the group. The last student from each group come to the blackboard and write down the word. Which group is the fastest, that group is the winner. And his/her group can get a small flag.

（Tips：Encourage students to remember the words quickly. And playing a game can cultivate their team spirit. ）

Step 2. Listening practice（听力训练）

Look at the passage on the PPT, listen to 1a then fill in the blanks.

（1）In many countries，people produce power from coal，but it is very dirty and causes acid rain. Some countries use nuclear energy to produce power. _____，nuclear power can be very dangerous. To solve the energy problem，people all over the world are looking for new ways to produce power.

（2）China is one of the first countries in the world to use biogas technology. Farmers recycle straw，grass and animal waste to make biogas. This renewable energy is used in people's every lives. Its key disadvantage is that the process requires a long time（up to 30 days）and the cost is _____.

（3）Electric vehicles were developed in the 1990s. _____，2010, a new kind of electric vehicle named "Yezi" was shown in the 2010 Shanghai World Expo. It produces electricity from the sun，the wind and CO_2. It can not only protect the environment but also save energy. It's too small to hold many people，but larger models will be developed in the near future.

（4）In China，the best-known maglev train is the German-built one in Shanghai. It _____ people just 7 min to go to the airport 30km away. The train can reach a top speed of 431km/h. It is quiet and quick. There is no wheel noise，because there are no wheels. Maglev trains are very energy-efficient and do not pollute the air. However，maglev guide paths are much more expensive than traditional steel railways.

（Tips：This can practice the students' listening ability. Students can also gain the general idea of the whole passage.）

Step 3. Reading practice（阅读训练）

1. Scanning and skimming（扫读和略读）

Try to find out the main idea of each paragraph. Ask students to pay attention to the first or the last sentences of each paragraph. Then ask volunteers to tell the answers.

（Tips：Ask students to pay attention to the first or the last sentences of each paragraph . Students who can get the correct answers，their groups can also get a small flag.）

2. Careful reading（精读）

A. Look at the passage of 1a on the PPT，pay attention to the underline parts. Students discuss with their partners and try to understand them.

（1）In many countries，people produce power from coal，**but** it is very dirty and causes acid rain. Some countries use nuclear energy to produce power. **However**，nuclear power can be very dangerous. To solve the energy problem， people all over the world are looking for new ways to produce power.

（2）China is **one of the first countries** （世界上最早的国家之一） in the world to use biogas technology. Farmers recycle straw，grass and animal waste to make biogas. This renewable energy **is used** in people's every lives. Its key disadvantage is that the process requires a long time（up to 30 days）and the cost is high.

（3）Electric vehicles **were developed in the 1990s**.（在20世纪90年代被发明）On April 11，2010，a new kind of electric vehicle **named** （被命名） "Yezi" **was shown** （被展出） in the 2010 Shanghai World Expo. It produces electricity from the sun，the wind and CO_2. It can **not only** protect the environment **but also** save energy. It's too small to hold many people，**but** larger models will **be developed** （被研制） in the near future.

（4）In China，the best-known maglev train is the German-built one in Shanghai. It takes people just 7 min to go to the airport 30 km away. The train can reach a top speed of 431km/h. It is quiet and quick. There is no wheel noise， **because** there are no wheels. Maglev trains are very energy-efficient and do not pollute the air. **However**，maglev guide paths are much more expensive than traditional steel railways.

（Tips：Ask students to pay attention to the underline parts. Then discuss with their partners that can help them understand the passage.）

B. Finish the table（完成表格）.

Find out the phrases of the blanks in each paragraph. Write down the items，then mark A for advantages and D for disadvantages.

Then ask students to answer them，who can get the right answer can win a flag for his/her group.

Write items（项目）	Mark A for advantages	mark D for disadvantages
———	high cost 高费用（　） renewable 可再生能源（　） long process 过程长（　）	
———	no pollution 无污染（　） too small to hold many people 太小不能承载太多人（　） save energy 节约能源（　）	
———	much more expensive than traditional steel railways（　） 费用远远高于传统铁轨的费用 quiet 安静的（　） quick 快速的（　） energy-efficient 有效利用能源（　） no pollution 无污染（　）	

（Tips：In order to finish the table，the students have to read the passage carefully. and find out useful information to finish the task. This can practice their reading ability. Then students can get to know the text in detail，and learn the language points in groups.）

Step 4. Key points（知识点讲解）

Explain the underline key points of the passage. And finish the exercises that followed.

Then ask students to answer them，who can get the right answer can win a flag for his/her group.

1. one of the first countries... 世界上最早的国家之一

one of + 可数名词的复数，意为"……之一"，该短语作主语时，谓语动词用单数。

One of my **friends is** over there.

填空：我的一个同学来自加拿大。

One of my _____（同学）_____（来自）from Canada.

She is one of the most beautiful _____（girl）in my class.

2. 连词

（1）not only ... but also（不但……而且）

主要用于连接两个对等的成分；若连接两个成分作主语，其后谓语动词
与靠近的主语保持一致。

例如：She likes not only music but also sport.

她不但喜欢音乐而且喜欢运动。

Not only the students but also **their teacher is** enjoying the film.

不但学生在欣赏这部影片，而且他们的老师也在欣赏这部影片。

Not only their teacher but also **the students are** enjoying the film.

不仅他们的老师，学生们也在欣赏这部电影。

（2）because 因为（后接句子，不能与so 同时使用）

I am late because the car is broken.

（3）but（但，表示转折）

例如：It was a sunny **but** not very warm day.

那一天天气晴朗，却不太暖和。

He drives not carefully **but** slowly.

他开车不是很小心，但是开得很慢。

（4）however

（然而，however不能直接连接两个分句，必须另起新句，并用逗号隔开。）

例如：It was raining hard. **However**，we went out to look for the boy.

雨下得很大，不过我们还是要出去寻找那个孩子。

用not only... but also，because，but，however 填空：

（1）Jane is _____ _____ a singer _____ _____ a dancer.

（2）Not only my sister but also my parents _____ （like）watching the basketball.

（3）It' s hard work, _____ I enjoy it.

（4）They went to the zoo yesterday, _____ , they didn't see any animals.

（5）He didn' t go to school _____ he was ill .

（Tips：The underlined parts had been discussed by the students. Then the teacher explain these points, this can enhance their memory. The competition between groups can also motivate their team spirit. ）

Step 5. Homework（作业）

Today's homework：

A. Finish 2a on Page 48.

B. According to what you learnt on the passage write a passage, finish 2b on Page 48.

（Tips：The homework ask students to make good use of the sentences, structures of the passage. Give presents to the winners, this can motivate other students to take active part in the class. ）

Blackboard designing（板书设计）：

Unit 2 Topic 3 Section C				
Reading skills：First or last sentence of each paragraph.				
Key points：	G1	G2	G3	G4
one of...				
not only... but also...				
because, but, however.				

仁爱版九年级（下）教学设计（1）
Speaking and Writing about "How to Learn English Well"

罗定市廷锴纪念中学 　黄宇明

课前预习：

Students find out 1 ~ 3 problems they have in learning English.

（学生找出自己在学习英语中的1 ~ 3个问题。）

The new lesson：

Part One：Speaking

（一）预习检查

1. 问题引领

Show the preview homework on PPT.

Have a free talk about the difficulties in learning English.

2. 展示交流

Invite five or six students to say out some problems in learning English. But if there are more，other students can add. Encourage students to speak English in sentences or phrases. Then the teacher summarizes the answers and writes them down.

（请5 ~ 6位学生说一说自己在英语学习中所遇到的困难或问题，其他学生可以补充。（分层要求：鼓励学生说英语句子或短语。教师根据学生回答整理，用英语板书出要点，进行小结。）

（二）讨论解决问题的对应方法

1. 任务引领

The teacher divides the problems into six groups and divides the whole class into six groups. Each group gets one problem in learning English and discusses how to solve the problem.

教师将刚才整理的问题分作六个小组，同时将全班学生分作六个小组，分配给每个小组一个问题，让学生讨论出对应的解决办法。

2. 自主学习

Students discuss in groups and the representatives take notes. Students help each other and all of them should master concerning expressions.

学生分小组讨论，小组代表做好记录。同伴互助，人人掌握相关的英语词句。

3. 展示交流

Each group chooses one student to report their ways to the problems to the class. Other students can add more. The teacher writes their ways to the problems down on the blackboard.

按小组进行，各小组指名代表汇报，组内同学或其他学生补充。（注：教师应对每个问题的解决办法用英语进行归纳板书，为学生下一步写作训练做好准备）

4. 教师小结

略。

Part Two：Writing

（一）写作教学之一

1. 任务引领

Ask students to choose three problems in Part One and write down their ways.

Then finish a completed passage.

请每位学生在第一部分小结梳理出的问题中，选择其中3个问题写出对应解决办法，要求写成一篇完整文章。（注：教师提供润色文章的修饰词和连词。）

2. 自主合作学习

（1）Students write their own passages.

学生独立写作。

（2）Students discuss in groups and help each other to analyze and correct their mistakes.

分小组讨论修改。

3. 展示交流

（1）The teacher chooses some students' examples and show them out on the projector.

教师选取若干名学生的答案样本，用实物投影仪展示出来。

（2）The teachers asks students to express their opinions on each passage and asks if there are any mistakes or if there are more to be added.

对上述展示每一名学生答案的样本，教师都请其他同学发表看法，如有什么错漏？是否有什么补充？

4. 教师小结

略。

（二）写作教学之二

1. Show the standard passage to the students and ask the whole class to read it.

展示范文让学生齐读。

2. Lead students to discuss the requirements of write such a passage or letter.

引导学生讨论范文（书信）的写作要求。

3. Students follow and imitate the standard passage to write a new one.

学生模仿范文写作。

仁爱版七年级（上）Unit 2 Topic 1 Section B 教学设计（2）

罗定市廷锴纪念中学　黄宇明

Before class（课前）：

1. Review the words of body .

2. Preview the words of this section and the usages of the words.

Teaching procedure（教学过程）

Step 1. Revision（复习）

1. Let's play a game—Bobby says（玩游戏Bobby says）

Teacher say：Bobby says，touch your head, and touch your face.

Then the students do the actions.

（Tips：Encourage students to review the words quickly. Playing a game can cultivate their team spirit.）

2. Turn to Page30 finish **3.** Look at the boy and write down the name of each part.

（Tips：Help students review the words quickly especially the words' spellings.）

Step 2. Lead-in（引入）

Use "He / She has ... " to describe your classmates.

用He / She has ... 来描述你的同学

Ask students to use "He/She has ... " to describe their classmates.

（Tips：Help students to review sentence structures "He/She has ... "）

Step 3. New lesson（新课）

1. Learn the new words and sentences（学习新单词和句子。）

actor 演员　　　　favorite 最喜爱的　　　Chinese 中国的；中国人的

Who's your favorite actor?

My favorite actor is Cheng Long.（Jackie Chan）

2. Listen to 1a, choose T（True）or F（False）.[听1a，选择T（True）or F（False）。]

Let the students listen to 1a, choose T（true）or F（false）. Then ask some students to ask the questions, then add marks for their groups.

（Tips：Encourage students to answer the questions and also can cultivate their team spirit.）

3. Listen to 1a again, answer the following questions.（听1a，回答下列问题。）

Let the students listen to 1a again, answer the questions. Then ask some students to ask the questions, then add marks for their groups.

（Questions as followed：）

A. Who is Michael's favorite actor?

B. Does Michael's favorite actor have long hair?

C. Does Michael's favorite actor have a wide mouth?

（Tips：Encourage students to answer the questions and also can cultivate their team spirit.）

4. Turn to Page 29, listen to 1a for the third time and finish 1b.（再听一次1a，完成1b。）

Let the students listen to 1a for the third time, then finish 1b. Then ask some students to ask the questions, then add marks for their groups.

(Tips: Encourage students to answer the questions and also can cultivate their team spirit.)

5. Look at the video, read after the teacher, then read freely for one minute and act the dialogue.（看视频，跟老师读，自由读1分钟，最后角色扮演。）

Look at 1a, ask students to pay attention to the intonation.

(Tips: Encourage students to act the dialog, this can cultivate students' interest in English, and their ability of acting.)

> Kangkang: Michael, who is your favorite actor?
> Michael: Guess. He is Chingese and he has a big nose.
> Kangkang: Does he have long hair?
> Michael: No, he doesn't.
> Kangkang: Does he have a wide mouth?
> Michael: Yes, he does.
> Kangkang: I see. It's Jackie Chan.

Step 4. Consolidation（拓展）

1. Pair work：（小组活动）two students in a group, make up new conversation as the following example—talking about your favorite people.（两人一组，参照例子编对话）

Example：

A：Who is your favorite actor/teacher/friend?

B：Guess. He/She's...

A：Does he/she have...?

B：No, he/she doesn't. / Yes, he/she does.

A：Does he/she have...?

B：Yes, he/she does. /No, he/she doesn't.

A：I see. It's...

（Tips：Encourage students to make up the dialogue，and also can cultivate students' interest in English，and their ability of acting.）

2. Turn to Page **29**，**2.** Listen and check（ √ ）who is Mr. Wang.（听录音，然后勾出谁是Mr. Wang。）

3. Finish the exercises.（完成下列练习。）

（1）根据汉语或首字母提示完成句子。

① We are from China. We are C _____.

② Mr. Li teaches English. He is my f _____ teacher.

③ Huang Xiaoming is a good _____（演员）.

④ Yao Ming has long _____（腿）and big _____（脚）.

⑤ Look! Her _____（手）are small.

（2）单项选择。

① His face is _____ and his _____ are small.

A. round；mouth   B. long；hand

C. short；ear   D. round；eyes

② _____ she have big feet?

A. Does   B. Do   C. Are   D. Is

③ The girl is short and she has _____ black hair.

A. a   B. an   C. /   D. the

④ Sally _____ a small face，big eyes and a small mouth.

A. is   B. are   C. have   D. has

⑤ The actor is _____，but his _____ are big.

A. high；feet   B. short；feet

C. tall；legs   D. high；face

（3）Finish：Page 30，4

Rewrite the sentences with have/has. Then make more sentences.

（Tips：Encourage students to answer the exercises of 2 and 3，this also can cultivate their team spirit.）

Step 5. Summary

1. Sum up（小结）

New words：

hand arm leg foot favorite actor Chinese

Grammar：

She/He/It has...

Does she/he/it have...

Yes，she/he does. / No，she/he/it doesn't.

2. Homework（作业）

A. Read and recite the words of section B and 1a.

B. Write a short passage about your favorite people.

（Tips：The homework ask students to make good use of the sentences，structures of the dialogue. Give presents to the winners，this can encourage other students to take active part in the class .）

3. Blackboard designing（板书设计）：

Unit 2 Topic 1 Section B			
Key points：			
New words：			
hand arm leg foot	G1	G2	G3	G4
favorite actor Chinese				
Grammar：				
She/He/It has...				
Does she/he/it have. . .				
Yes，she/he does. / No，she/he/it doesn't.				

仁爱版七年级（上）"物主代词（Possessive Pronouns）"教学设计（3）

罗定市廷锴纪念中学　黄宇明

课题：Possessive Pronouns	课型：语法课	授课年级：七年级
【学生分析】 本班学生是相比较差的班级，学生大部分是留守儿童，家长的关怀比较少，基础比较差，而且大部分学生学习不自觉。		
【教材分析】 本课适合七年级学生。内容是人称物主代词语法课。本课教学强调从学生实际情况出发，从学生生活经验出发，而不是单纯从课本出发。以学生为主体，让学生成为课堂中的主角，教师成为教学活动的组织者、合作者和参与者。在设置任务的过程中，要考虑到生生互动、师生互动。让学生在教师特意创设的教学情境，如直观情境、合作情境和活动情境等情境中去学习语法，体会英语语言的特点，使语法学习能在一种灵活的环境中轻松愉快地进行，通过发现、体验，习得语法知识。		
【教学目标】 1.知识目标。 （1）物主代词的分类。 （2）物主代词的用法。 2.能力目标。 利用微课对形容词性物主代词以及名词性物主代词进行讲解，使得学生能够对物主代词有一个清晰的认识并熟悉掌握，而且能在具体的语境下灵活运用。 3.情感目标。 （1）能与他人合作交流； （2）能树立积极向上的人生观		

续 表

课题：Possessive Pronouns		课型：语法课		授课年级：七年级

【教学重难点】

1. 本节的重点。

（1）形容词性物主代词和名词性物主代词的区别；

（2）形容词性物主代词和名词性物主代词使用时的注意事项。

2. 本节的难点。

（1）形容词性物主代词和名词性物主代词的区别；

（2）形容词性物主代词和名词性物主代词使用时的注意事项

【教学策略】

（1）情境教学策略；

（2）学生自主探究策略；

（3）学生合作学习策略。

课前准备：文化用品、日常用品、微课、PPT。

【教学过程】

Steps	Contents	Teachers	Students	Aims
Step 1	Greeting	Say "Hello" to the students	Say "Hello" to the teacher	师生间的问候能提醒学生进入上课的状态
Step 2	Lead-in	1. Self-introduction and introduce the school	Know more about the teacher	"破冰"活动，拉近师生距离
		2. Play a game口头教学。Teacher Say: one, two, three.	Students say: Good, Good, Good We're good with clapping Hands	调动课堂气氛，鼓励学生开口说英语，让学生充满热情和自信地进入本节课的学习
		3. Show the sentences the teacher used just now	Read the sentences after the teacher	自然的引入形容词性物主代词和名词性物主代词
Step 3	Grammar learning	Play the video about Possessive Pronouns	Watch the video and learn the grammar	这是个比较简单的语法知识，教师采用直观的教学方式，让学生从微课视频中自主学习物主代词的用法 这比传统的讲解语法更能引起学生学习的兴趣

续 表

课题：Possessive Pronouns		课型：语法课		授课年级：七年级
Step 4	Consolidation（Through exercises and group competition,who can give the right answer, his/ her group can get a star.）	1. Ask students to fill in the blanks just orally	Speak out the answers	口头练习能锻炼学生的口头能力和反应能力
		2. Ask students to finish Exercises 2	Write down the answers on the paper	练习的难度是逐渐加深的，这样才能让学生的能力得到逐步提升
		3. Ask students write out the phrases on the blackboard	Write down the answers on the paper Some students come to the blackboard and write down the phrases	培养学生上台的能力和勇气
		4. Ask students to finish Exercises 4	Write down the answers on the paper	这道练习是完成句子的练习，练习的难度从字词慢慢过渡到句子。练习的难度是逐渐加深的，这样才能让学生的能力得到逐步提升
		5. Listen to a short passage and fill in the blanks	Listen and write down the answers on the paper	前面的练习训练了学生的说、读、写能力，通过这道练习题可以训练学生听的能力。这样才能从听、说、读、写4个方面来训练学生的能力
Step 5	Summary	Sum up the grammar in a mind map	Speak out the words to together	利用思维导图把形容词性物主代词和名词性物主代词的分类和用法清晰地呈现出来，这样可以帮助学生更有条理性地记住这些知识点

续 表

课题：Possessive Pronouns		课型：语法课	授课年级：七年级
Step 6	Homework	Write a short composition	Write the composition after class	作业的设计是一道作文题，这样可以对本节课的学习进行一次能力整合的检测，检查学生是否能够灵活运用本节课所学的知识

Blackboard Design	物主代词 G1　　　G2 学生答题区域　☆　　☆　学生答题区域 　　　　　　　　　☆
教学反思	本节课是一节语法课，游戏、微课和一系列的练习竞赛，使得原本枯燥的语法课堂变得生动有趣。

英语学科的教学方法及其实践运用

——教师培训专题讲座（一）

罗定市廷锴纪念中学　黄宇明

一、学习英语的目的

英语是一门国际通用语言，掌握这门语言，既便于沟通交流，又便于了解西方文化习俗。很多学生认为，学英语，学不致用、不切实际。但事实上：

（1）学英语能改变一个人的性格与能力；

（2）学英语能培养学生整合知识的能力；

（3）英语学霸的工作协调能力特别强；

（4）爱学英语的人特别自信、开朗。

二、了解中学英语教材

1.一个课标、多个版本

虽然版本不同，但中考要求是不变的。（云浮地区的初中教材版本——仁爱版）。

2. 中学课本兼顾学生各方面的能力提升

中考总分120分，具体分值分配如下：

听力（30分）—语法选择（10分）—完形填空（10分）—阅读理解（30分）—短文填空（15分）—信息归纳：A.回答问题（10分）　B.书面表述（15分）

做近三至五年的中考题，总结一句话，即中学英语趣味性比小学英语低，但实用性比小学英语高。

三、了解中学英语课堂

作为新教师多听课尤其重要，但不能照搬硬套。多交流，要有自己独立的见解。

1. 注重语言运用能力

考查学生能否将在课堂上学到的知识运用到生活中，例如生活中常见的购物—问路—用餐等话题。英语课堂切勿"满堂灌""放羊式"。

2. 注重语言落实（小学和中学区别很大）

课文落实+课外阅读落实+词汇掌握落实，每一节课都应该让学生有所收获。

3. 从有效教学到高效教学

（1）课堂要有学习目标、重难点。

（2）养成良好的听课习惯很关键。

（3）引导学生学会辨别哪些是单元的重点。

① 对话课要让学生围绕话题造对话、用相关句型写作文，以灵活运用为主。

② 阅读课要让学生分析课文的结构，引导学生掌握阅读理解的技巧和方法。

（4）强调背诵语篇的重要性。

4. 课程内容量大

对学生要求：脑子高速运转，精神力高度集中，有多项活动需要学生参与让学生动起来。

四、了解中学英语作业

1. 自学单词要注意5个方面：单词+音标+词性+意思+例句。

2. 关注学生的书写。中考、高考字迹规范很占优势！因为考试需要书写的内容很多。

3. 引导学生利用空余时间记单词、读课文、背文章、默写文章，增加课外阅读量。但英语作业不能过多，教师布置给学生每天的作业量应控制在30分钟内完成。

五、了解英语考试

1. 英语是初中、高中阶段期中、期末必考的科目（大主科）

2. 考试题型（多样化）

听力—语法选择—完形填空—阅读理解—短文填空—信息归纳—A.回答问题　B.书面表述。

3. 中考及日常考试的题型

（1）听力。看问题，听对话，补充关键信息等。

（2）单项选择或语法选择。考查语法、短语搭配、词性以及词义等。

（3）完形填空。"障碍性阅读"，对基础知识综合运用能力、阅读理解能力、逻辑推理能力等进行考查。

（4）阅读理解。选项判断正误，根据上下文回答问题，等。

（5）单词、句型题（日常测试）。完成句子、用所给词的适当形式填空、句型转换等。

（6）短文或语法填空。

（7）作文。考查书信、通知、日记等的书写，以及语法、词汇的综合运用能力。

六、抓学习习惯和课堂要求

1. 准备好学习资料

（1）作业本2～4本。①作业本；②听、默写本；③佳句摘抄本；④四线三格本（练字或抄写单词、短语等）。

（2）笔记本1本（A4大小）。记录知识点的相关类型题，做好老师上课讲解的知识点扩展笔记。要求学生每次笔记做好如下明确的标记：①日期（黑色）；②原题（黑色）；③错解（蓝色）；④错因（蓝色）；⑤正解（红色）；⑥总结（红色）。

（3）教学生如何利用英语错题本。

① 经常阅读。

② 与同学、老师互相交流（互相借鉴、互相启发、共同提高）。

③ 拓展功能（让"错"变得非常清晰），标出"拼写错误""句型搭配错误""语法错误"等。

（4）词汇积累本1本（手掌大小、可随身携带，方便记忆）。每个单词的词义、词性以及固定搭配都必须掌握。充分利用闲余时间背词汇积累本上的内容。

2. 做好课前预习

（1）自学课内词汇

达到认识程度：①听着认识；②看着认识。

词汇记忆过程：①认识；②拼写；③运用；④比较（相近词义单词之间用法比较）；⑤不出错。

（2）自学课本内容：课文大声正确流利朗读三遍以上——培养语感。

3. 保证课堂要高效

初中英语学习的内容量和难度与小学相比都会增大，仅凭听一次是不能够全部记住的。教师把知识点写在板书里，要求学生们能够择其要点，记好笔记。

学生上课一定要做笔记，记笔记要做到眼到、手到、心到，积极参与课堂活动（运用），运用所学到的语言，因为课堂参与度关系到学生的平时成绩。在日常课堂中多给学生激励性语言，如Don't be shy! Just try!

4. 引导学生培养学习英语的兴趣

（1）阅读英文原版书籍。有助于开阔视野—有助于阅读速度提升和词汇积累。

（2）多唱英文歌曲。唱出来，不是哼出来。记歌词有助于培养语感、积累单词。

（3）多看英文电影：不看英文字幕，有助于英语听力。第1遍，注意情节；第2遍，注意语言、词义、语气。

（4）清楚新课标词汇量和阅读量要求。

七年级阅读量：累计4万字（课本+课外+歌词）

要求：每天做不少于1篇200字的阅读训练。

八年级阅读量：累计6万字（课本+课外+歌词）

要求：每天做不少于2篇200字的阅读训练。

九年级阅读量：累计不少于15万字

要求：每天做不少于3篇200字的阅读训练。

课外阅读推荐：21st Century， Crazy English以及相关的杂志、报纸等。不推荐读英汉对译书籍。

5. 根据考纲初中分类

（1）词汇课。

（2）对话课。

（3）听说课。

（4）阅读课。

（5）完形填空和短文、语法填空课。

（6）读写综合课。

（7）试卷、练习讲评课。

6. 开展各项培养学生学习英语兴趣的课外活动

（1）英语课堂知识汇总手抄报。

（2）英语讲故事比赛。

（3）英语课文朗读比赛。

（4）英语演讲比赛。

（5）英语书法比赛。

（6）英语词汇比赛。

一年中考三年备，三年教学一盘棋。

七年级侧重学习习惯的培养。学生必须过音标关。狠抓规范书写的习惯、朗读和背诵的习惯。

八年级培养阅读能力。要求学生增加阅读量和阅读的难度，加强阅读策略和学法指导。

九年级梳理知识结构，建立知识网络，侧重语篇与写作能力的提高。

教师应从七年级开始建立自己的学科资料库。苏霍姆林斯基说："善于分析自己劳动的教师才能成为一名优秀的有经验的教师！"叶澜教授说："一个教师写一辈子教案不一定成为名师，如果一个教师写三年反思就有可能成为名师。"作为教师要多上有创意的课，多反思自己的课堂教学，这样才能成为一个优秀的教师。

寄语：

No matter who you are,

　　No matter where you are,

　　　　Don't be afraid; don't have fear.

　　　　Let the world know,

　　　　　make it understand.

　　　　　　As long as you work hard,

　　　　　　　As long as you try your best,

　　　　　　　　You are always the best!

How to be a Popular English Teacher
——教师培训专题讲座（二）
罗定市廷锴纪念中学　黄宇明

回想：

1. 你印象中的英语教师是怎样的？

拖堂？总是板着脸？

2. 你印象中的英语课堂是怎样的？

课堂沉闷？课堂目标不明确？

思考：

如何做一个受学生欢迎的教师？

如何使您的课堂教学快乐、高效？

（1）教师的素养；

（2）教材的处理；

（3）课堂的处理。

一、教师素养

（1）文化修养。得体的谈吐、广博的知识；自信而不狂妄，谦虚而不自卑，注重小节。

（2）个人魅力。良好的形象、时尚端庄的打扮、和蔼的态度、可亲的笑容、严格的要求。

（3）尊重学生。叶圣陶先生的教育名句："我要把学生当朋友，我要学生把我当朋友。"这是"准备认真当教师的人最起码的条件"。

（4）学科素养。标准的发音、流畅的表达、有逻辑的教学、有感染力的讲解。

（5）敬业精神。认真研究学生、研究教材、研究教法；重视教与学的过程，重视教与学的反馈；对每位家长、每位学生、每堂课负责。

二、课本内容整合

（1）要求教师要善于结合实际教学需要，灵活、有创造性地使用教材。教师应通览初中阶段所有英语教材，最少做近5年中考试题，以便更了解课堂教学以及考试的方向。

（2）过于复杂的活动、不合适的练习、不要求掌握的生词，要进行适当地删减，但删减不应该影响教材的完整性和系统性。

（3）可选择与学生生活和经验相近的内容来代替过难或过偏的文章、对话或活动。针对阅读后的练习，教师可自己设计更好的练习或活动来取代教材上的练习或活动。

三、如何开展你的英语课堂教学？

第一，教学目标明确。

第二，课本内容整合。

第三，语言表述清晰。

第四，知识梳理简化。

第五，调动课堂气氛。

第六，关注个人表现。

第七，注重知识落实。

第八，批改得当到位。

第九，适当开展课外活动。

1. 教学目标明确

（1）上课前3分钟。①列举当前课堂的教学目标；②让学生有认知，带目的去学习。

Teaching aims（教学目标）：

（1）Master the new words of animals.（读音、拼写、中文）

（2）Master the sentence patterns.

Which animal do you like best?=What is your favorite animal?

（2）下课前3分钟。①设计当前课堂的考核评价表；②强调有效课堂。

课例展示：

Teaching evaluations（教学评价）：

（1）能把课堂学的6个动物的单词读出来吗？（   ）

（2）能把课堂学的6个动物的单词拼写出来吗？（   ）

（3）能运用课堂学的句型对话吗？（   ）

2. 教学环节的落实

（1）单词教学要注重元音的发音和辅音连读。一些发音相近的单词式短语要列出来让学生多拼读。例如：

A. work /ɜ:/　　　　　　 walk /ɔ:/

B. now /aʊ/　　　　　　 know /əʊ/

C. in the afternoon　　　 in the evening

D. in the classroom　　　 in the factory

注意th字母的发音以及 three、this 的区别。

（2）单词教学过程中把要考的单词罗列出来。

同音异形词：wear　where / see　sea / son　sun

反义词/对应词：yes　no / boy　girl / man　woman / up　down / in　out /
good　bad

（3）单词教学过程中要教会学生分辨单词。

① month　mouth

② little   litter

③ lend   learn

④ car   card

知识梳理简化（细致）：教会学生做笔记、做练习、归纳总结等。

（4）介词on的用法：

on Sunday / Friday morning / a rainy night / Teachers' Day / March 8th

（5）固定搭配 go+doing：

go swimming / hiking / shopping / boating / fishing / skating

（6）常见节日的表达：

Father's Day   Mother's Day   Teachers' Day   Women's Day   Children's Day

（7）冠词a、an 的用法：

an apple   an egg   an interesting book

a university   a one-year-old boy   a useful book

（8）学生容易混淆的问句和答句：

What's this / that in English? It's... What're these / those ? They're...

无论上什么内容的课，高效或有效的课堂才是最重要的。在课堂设计中，不要过多注重游戏。在教学环节中加入适当的游戏或表演可以提高课堂气氛或加深学生对知识的理解和掌握，但是如果过多或控制不当则有反效果。在实施课堂教学时，每一个环节都应该考虑学生接受知识的能力和水平，尤其面对基础薄弱的学生时，课堂教学注重的是有效而不是课堂容量。评讲练习、试卷最讲究知识功底，所以应认真备好课，详细讲解大部分学生做错的题目，教会学生如何做选择题、填空题、完形填空、阅读理解和作文。

3. 各种题型的解题思路

（1）选择题和填空题。教学生找关键词，尤其要注意人称、数、时态的变化。

（2）完形填空。教学生联系上下文，初中考得比较多的是动词和介词短语的搭配。

（3）阅读理解。教学生先看题目，再做题。遇到一些难以判断的答案时，要在原文中找出来对比。

（4）书面表述。多背课文或范文，熟练句型。注意人称或数的变化才能把作文写好。

4. 出色的英语老师必须具备的能力

（1）把复杂的东西简单化。

（2）英语课堂的关键：①先教会学生读；②用各种不同的形式对所教知识进行巩固。

（3）学会做人，才能成为受欢迎的老师，才会使自己成为快乐的人！

具体表现在以下几点：①在跟同事的相处上，切莫斤斤计较，多主动干活，多主动打招呼。②在跟家长的沟通上，要站在对方的角度去沟通，谦逊有礼。③在跟学生的交流上，要习惯面带笑容，注意措辞，收放自如。④生活中、工作中少抱怨，多理解。

寄语：

教师要把工作当作教书育人的事业，要有高度的责任心，不断地开发自己的教育智慧和创新精神，使自己具备师生交流能力、心理健康教育能力、班主任工作能力、组织指导课外活动能力、运用现代化教学手段的能力和教学科研能力。

落实常规　扎实备考

——2018年英语科中考备考建议

罗定市廷锴纪念中学　黄宇明

一、备课组长的引领性

（1）引领教师加强对课程标准和考纲的学习。

（2）带领教师加强对教材的研究和整合使用。

（3）引领教师转变课堂教学的理念，把课堂还给学生。

（4）引领全组教师互相学习、优资共享。

（5）带领全组教师有效、有序地进行备考复习，少走或不走弯路。

二、重考纲，认真完成近5年中考试卷的备课策略

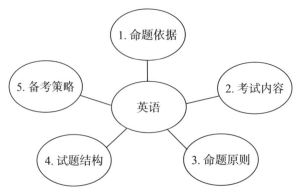

近五年中考试卷的备课策略

三、根据考纲进行九年级的课堂分类

（1）听说词汇训练及听力训练提升专题课。

（2）阅读技巧点拨专练课。

（3）话题读写综合讲练课。

（4）综合测试易错题点评课。

（5）完形填空和短文填空专题讲练课。

四、有效的备课

有效的备课体现的是一种集体的智慧。

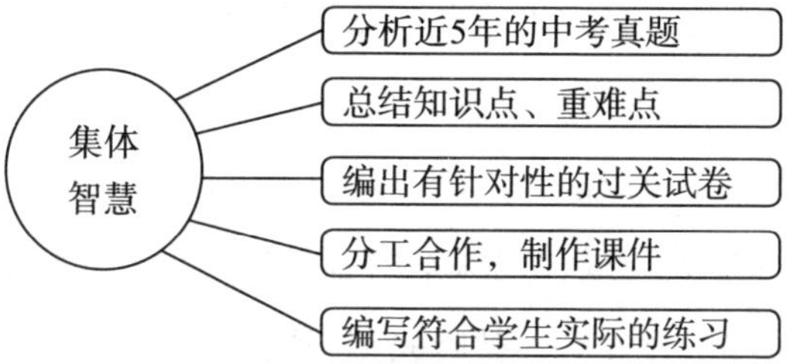
集体
智慧
分析近5年的中考真题
总结知识点、重难点
编出有针对性的过关试卷
分工合作，制作课件
编写符合学生实际的练习

有效备课要点总结

备课教学是集体智慧的结晶。

廷中某次月考套题数据分析表

大题	总分（分）	平均分（分）	得分率（%）
听力理解	25	21. 6	86. 4
听填信息	5	3	60
单项选择	15	11. 2	74. 6
完形填空	10	7. 8	78
阅读理解	30	26. 3	87
短文填空	15	7. 95	53
信息归纳	5	4. 1	82
作文	15	9. 95	66
总分	120	91. 9	76.58

五、备考中落实各项教学常规工作

（1）听：每周至少安排两套听力套题训练（不能以听代练，要对学生有听力提高的方法指引，时常提醒学生。听力的提高离不开练习、发音、单词三个环节）。

（2）读：让学生每天坚持至少完成一篇阅读，保证阅读量，保持感觉。

（3）写：利用思维导图引导学生写作。通过写前讨论、独立写作、互评习作、修改再写等活动，促进学生写作能力的提高。（主要针对几所重点中学的学生。）

（4）纠：重视错题本的使用。要求学生记录错题，并对错题归因分类。反复研究，找出原因这点对优生的提升尤为重要。

（5）练：科学整合教材，对教辅资料精挑细选。教师多做，学生少做，减轻学生负担，提高学习效能！（练习切勿铺天盖地。）

（6）测：重视过关测试，把课本内容与中考模式相结合。每两三周备课组安排一次阶段统测。评卷后，教师立刻用数据分析当次统测中出现的问题，及时调整教学策略与帮扶指导对象，精准聚焦。

（7）扶：在课堂上落实培优扶困，盯紧各类临界生。

（8）研：在整个教学复习过程中始终要做好三个研究——研究中考、研究学生、研究方法。

六、针对基础薄弱的学生

精选近5年各省市的中考单选题及完形填空和短文填空题中出现的短语、固定搭配并罗列出来。

（1）每天用课堂5~10分钟让学生读、记10~15个常见短语和固定搭配。

（2）每天让学生做10~15道近5年各省市的中考单选题。

（3）利用好一周的早读课、晚读课，罗列出热点作文话题，让学生读、记相关句型表达及范文。

（4）从现在开始狠抓作文，不能留空，教会中下层学生在信息归纳文段处"偷梁换柱"。

（5）每天给学生一些积极的自我心理暗示和适当的心理辅导。

英语是我们山区学校的弱势科目，但我们都应该清楚英语学科是基础学科，要在短时间内提高是很难的。所以作为一线教师的我们，应该明白：

一年中考三年备，三年教学一盘棋。

七年级：侧重学生学习习惯的培养。狠抓规范书写的习惯、朗读的习惯和背诵的习惯。学生必须过音标关。

八年级：培养学生阅读能力。教师可增加学生的阅读量和阅读难度，加强阅读策略和学习指导。

九年级：梳理知识结构，建立知识网络，侧重语篇理解与写作能力的提高。

各学校从七年级开始建立学科资料库，备课组互相利用、注重细节。从七年级开始具体做法：

（1）学生上课前要准备好笔记本和两色或三色笔，黑色书写，蓝色注解，红色修正、改错。

（2）每节课让科代表带读单词或课文，让学生充当小老师角色得到单独训练和表现的机会。

（3）七年级注重音标教学与单词记忆、积累与运用，为中考做准备。

（4）七年级开始加强训练学生的朗读能力。很多学生句子读得很不流畅，要让学生多加练习，教师要多加纠正。只有句子读流畅了，才能把课文读流畅。

（5）培养学生自我总结知识的能力。

实例播放：（略）。

"提高山区中学生英语语篇能力策略研究"
课题开题报告

罗定市廷锴纪念中学　黄宇明

一、研究背景

1. 提高学生英语阅读水平的要求

要想学好英语，学生就需要了解和熟悉一些英语国家人们的生活习惯、文化背景、风土人情和生活方式等。语篇分析能帮助学生全面而深刻地理解文章，从而有效地提高阅读能力。所以，中学英语教师在进行阅读理解教学的过程中应充分利用语篇分析教学法，与其他理论、方法相结合，切实提高中学生英语阅读能力。

2. 新课改的要求

随着新课程改革的不断推进，英语课程对学生英语运用能力的要求也越来越高，而阅读能力是其中极其重要的一项。要想提高学生的英语阅读能力，教师必须在英语课堂教学中注重语篇教学，探索英语阅读教学的新出路。

3. 提高学生英语素养的需要

随着英语教学的发展与深入，广大英语教师从关注英语词汇教学转移到关注英语对话教学，最终落在语篇教学上。如何有效地提高英语语篇教学质量已经成为英语教师共同关注的话题。对于语篇教学而言，我们无论采用什么方法来提高学生的语篇理解能力，都必须牢记整体性教学原则。同时，我们也要传授给学生一些基本的语篇阅读技巧，让学生通过语篇的学习发展和提高自己的英语综合能力，提高自己的英语素养。

4. 进一步深化素质教育的需要

目前，我国正在全面推进素质教育，改革传统英语课堂教学。如何采用科学、有效的教学方法，激发学生学习英语的主动性和自觉性，提高学生的英语语篇能力，从而提高学生综合运用语言的能力，已成为每一位英语教师面临的重要课题。由于传统的英语教学只重视语言知识的单纯传授，教师处于"我教你学，我讲你听"的地位，忽略了学生个性化的体验，忽略了培养学生的写作思维。

二、概念的界定与目标

1. 概念的界定

语篇是指任何不完全受句子语法约束的在一定语境下表示完整语义的自然语言。刘辰诞在《教学语篇语言学》中将语篇定义为"一段有意义、传达一个完整信息，逻辑连贯、语言衔接，具有一定交际目的和功能的语言单位"。从"语篇"的概念来看，我们便可了解到"语篇"的一个重要特征：语意的独立性和完整性。因此，语篇分析和理解应该注重整体性，不可独立地对句子的句意和语法功能进行片面解析，应有"语篇分析"意识。

语篇分析以篇章为基本单位，从篇章的整体出发，先分析理解篇章结构，然后分析句子与句子之间、段落与段落之间的衔接以及逻辑思维的连贯性，从而使学生具有通览全篇的能力，掌握文本的主题，同时掌握句子在表达篇章整体意义上所起的作用，最终达到"先见林后见树，既见林又见树"的教学目的。

2. 研究目标

（1）探讨在中学英语课堂教学中如何渗透培养学生英语语篇能力意识，改变传统的教学观念，实现教师教学方式的改变，提高教师的教学教研能力，促进教科研气氛的形成。

（2）探讨培养学生英语语篇能力的目标、方法、途径，实现学科教学创新。

（3）构建有利于学生英语语篇能力培养的学科教学模式与教育教学评价体制。

（4）汇编"提高山区中学生英语语篇能力策略研究"系列文章、研究报告等书面材料。

（5）提高和培养学生英语语篇能力。

3. 研究的思路

本课题立足于培养学生英语语篇能力，以《英语课程标准》、人本主义理论和行为设计理论等相关理论为主要指导思想，以素质教育理论为指导，建立和完善课堂教学模式，将素质教育和新课改的理念内化成日常教学行为，结合行动研究法、逻辑归纳法、文献法等研究方法，深入分析、反思目前我国山区中学英语课堂教学现状，积极探索英语语篇能力的主要特点，由此提升学生英语语篇能力，努力构建具有特色的提升学生英语语篇能力的教学模式，解决当前的实际问题。

三、研究方法

1. 行动研究法

国内外关于变革的很多研究都表明：任何有价值的新主意，要想有效，就需要有深刻的理解、技能的开发和认真的实施。你不能强迫这些事情运转，唯一可行的办法就是创造条件使人们能够考虑和促使人们考虑个人的和大家的见解，并通过一段时间的技能开发实践。事实上，行为的改变不是单纯地靠学术研究就能完成的，它往往是在对照新课程理念、审视教学行为，边实践、边研究的过程中，逐渐发生、发展的。因此聚焦课堂，以课堂为载体的研究成为我们研究的主要方式。我们将采用课堂实践、活动讨论的形式开展活动，聚焦当前山区中学英语课堂教学的现状，用现代的理念进行审视，提出关于提高山区中学生英语语篇能力策略研究的方法策略。

2. 文献研究法

采用文献检索手段，从有关书籍、报刊、文献中收集相关资料，借鉴他人的经验教训，结合本校实际，寻找新的生长点，避免重复和走弯路，为课题研究保驾护航。厘清理论，明确概念；掌握动态，探求新路。

3. 逻辑归纳法

在实践过程中总结、探讨该课题的一般教育理论与实践模式等。

四、研究组织

1. 本课题组成员分工

组长：黄宇明。

组长负责组织课题组开展活动，撰写课题设计、实施方案，撰写结题报告。参与课题的实质性研究，撰写有关论文。

2. 主要研究人员

黄宇明。负责课题研究过程中调查表的发放和回收；负责整理调查数据，撰写调查报告；负责汇总研究数据和撰写阶段性总结；负责记载实验过程，做阶段性小结，撰写教学后记及论文，参与结题报告。

五、预期效果

1. 阶段性成果

优质课、论文、教学案例、教学反思、经验总结。

2. 终结性成果

"提高山区中学生英语语篇能力策略研究"汇编。

六、预期成果及形式

实验方案，实验阶段总结报告，教师的教学课例、案例分析、教学反思以及相关的教学论文等。

参考文献

［1］陈央君.在核心素养培养体系下如何进行英语语篇的课堂提问设计［J］.海外英语，2018（3）.

［2］施婧婧.核心素养下小学英语语篇教学策略［J］.教育，2018（8）.

［3］谭爱华.职中英语语篇整体教学初探［J］.西江教育论丛，2005（2）.

［4］何晓勤.英语语篇修辞教学摭谈［J］.江西教育科研，2005（10）.

［5］刘雪花.初中英语语篇教学中从整体到部分的阅读策略指导［J］.英语画刊（高级版），2018（1）.

［6］中考英语语篇及作文专项训练（二）［J］.中学生英语，2017（15）.

［7］吴秋红.提高小学高年级数学课堂效率的探究［J］.基础教育研究，2017（24）.

［8］郑秋叶.指导阅读技巧与方法提高阅读能力［J］.中小学英语教学与研究，2001（2）：50–56.

［9］英品超.熟、真、细、新、严——试谈小学高年级作文选材的方法［J］.珠江教育论坛，2017（2）.

［10］万卫群.得阅读之法受阅读之益——刍议小学高年级语文教学中阅读方法的指导［J］.小学生作文辅导（上旬），2018（1）.

"提高山区中学生英语语篇能力策略研究"
课题结题报告

罗定市廷锴纪念中学　黄宇明

一、课题的提出

（一）研究背景

1. 提高学生英语阅读水平的要求

要想学好英语，学生就需要了解和熟悉一些英语国家人们的生活习惯、文化背景、风土人情和生活方式等。语篇分析能都助学生全面而深刻地理解文章，从而有效地揉高其阅读能力。所以，中学英语教师在进行阅读理解教学的过程中应充分利用语篇分析教学法，并与其他理论、方法相结合，从而改善中学英语阅读教学状况，使学生充分体验到英语阅读的快乐。

长期以来，英语语篇教学在英语教学中起着重要的作用。语篇教学实际上也是一种阅读教学，但语篇教学中同样涉及新单词、语法、句型的教学。我们既要注重学生阅读能力的培养，又要注重学生灵活运用基础知识能力的培养。而传统的教学方法是教师讲解翻译，学生听做笔记，经常把阅读课上成了语法课。这样的课堂容易使学生感到枯燥、乏味，没有活力，不能激发学生的兴趣和积极性。教师应该结合学生实际，根据教学内容和要求，采用多种灵活的教学方法，有效地培养学生的英语阅读能力。

2. 新课改的要求

随着新课程改革的不断推进，英语教学对学生英语运用能力的要求越来越高，而阅读能力是其中极其重要的一项。要想提高学生的英语阅读能力，教师必须在英语课堂教学中注重语篇教学，由此探索出英语阅读教学的新出路。

进行语篇教学整体性研究能够促使我们深入改革英语教学，从根本上改变以往教学中过分注重语法和词汇知识的讲解和传授，忽视对学生实际语言能力运用的培养倾向，使学生能够通过语篇学习和实践活动，逐步掌握英语知识和技能，提高语言实际运用能力，并在这个过程中磨砺意志、陶冶情操、拓宽视野，丰富生活经历，开发思维能力，发展个性并提高人文素养。

3. 提高学生英语素养的需要

随着英语教学的发展与深入，广大英语教师也从关注英语词汇教学转移到关注英语对话教学，最后重点还是语篇教学。如何有效地提高英语语篇教学质量已经成为英语教师共同关注的话题。就语篇教学而言，我们无论采用什么方法来提高学生的语篇理解能力，都必须牢记整体性教学原则。同时，我们也要传授给学生一些基本的语篇阅读技巧，让学生通过语篇的学习来发展和提高自己的英语综合能力，提高自己的英语素养。

运用语篇分析法进行阅读教学，可以提高学生语言技能的综合运用（如根据上下文猜测生词含义，根据标题推断文章大意等）能力；可以培养学生获取信息的能力，运用语言进行交际的能力，以及分析、推理、归纳和判断的能力。

4. 进一步深化素质教育的需要

目前，我国正在全面推进素质教育，改革传统英语课堂教学，采用科学、有效的教学方法，激发学生学习英语的主动性和自觉性，提高学生的英语语篇能力，从而提高学生综合运用语言的能力，这已成为每一位英语教师面临的重要课题。由于传统的英语教学只重视语言知识的单纯传授，教师对学生处于"我教你学，我讲你听"的地位，忽略了学生个性化的体验，忽略了培养学生的写作思维。

对教师而言，合理而灵活地运用语篇教学法，可以改变过去教师"一言堂"式的教学模式，逐步形成以学生为中心的课堂教学，从而激发学生学习的积极性和主动性，使学生由被动地接受知识转变为能动地进行思维活动，培养学生的合作学习精神和探究学习能力。

（二）研究的意义

山区的中学生长期处于一个相对封闭的环境，很少有机会接触和运用英语，学生的英语学习能力低。语篇分析教学对教师提出了更高的要求，要求教师根据学生的情况和不同的教学对象、内容和进展情况深入研究教材。

学生的学习心理及语言知识的系统性要求教师在课堂教学中要不断注重向学生传授各方面的知识，扩大他们的知识面，真正提高学生英语运用的能力。

语篇分析是近年来语言学中的一门新生学科，它引起了广大语言学家的普遍重视，同时取得了可喜的研究成果。语篇的理论突破了语言研究只局限于词和连词造句的框架，开始研究连句成篇、成章，研究句子与句子之间的联系，研究句子在语篇中的地位和作用等问题，这是语言研究中的重大突破。将语篇分析方法运用于教学之中，对培养学生的阅读理解能力，完成大纲规定的任务，具有重要的积极意义。

《英语课程标准》要求重视对学生阅读能力的培养。阅读是英语教学的核心，但是山区中学在资源配置、课外补充等方面相对欠缺，学生的阅读能力远没有得到提高。因此，如何提高学生的语篇阅读能力是山区中学英语教师普遍思考的问题。语篇教学具有不可忽视的作用，教师要善于捕捉训练的机会，多学习、多实践，使我们的教学策略和方法不断完善，提高学生的英语阅读水平、语言能力、思维能力及交际能力。

二、理论依据

1. 教育政策

根据《英语课程标准》编写的初中《英语》是以培养学生的交际能力为目的，以话题为中心，以阅读、对话、听力和写作等内容为构成的教材，通过语法和词汇在语篇中的多次循环，帮助学生反复打好语言基本功。教材大部分内容都是以语篇形式出现，并辅以课堂项目，这为语篇教学的课堂模式提供了保障。

基础教育阶段英语课程的总体目标是培养学生的综合语言运用能力。英语课程的学习过程，既是学生通过英语学习和实践活动，逐步掌握英语知识和技能，提高语言实际运用能力的过程；又是学生磨砺意志、陶冶情操、拓宽视野、丰富生活经历、开发思维能力、发展个性和提高人文素养的过程。基础教育阶段英语课程使用的教材是学生学习和教师教学的重要内容和手段。

2. 素质教育理论

智育工作要转变教育观念，改革人才培养模式，积极实行启发式和讨论式教学，提高学生的英语语篇能力，切实提高教学质量。

3. 人本主义理论

人本主义理论强调学习过程中人的因素，把学习者视为学习活动的主体，重视学习者的意愿、情感、需要和价值观。提高山区中学生英语语篇能力策略研究遵循"以人为本"的教学原则，对激发学生的主观能动性、发挥学生的主体作用、发展学生的能力有着积极的作用。

4. 行为设计理论

行为设计理论的基本思想——人的行为是人与事物之间的双向交互过程，人的意识与行为是辩证的统一体。教学设计的核心任务——设计学习活动，以便引导学生的学习行为，从而促进学生的心理发展。

三、课题研究的主要内容

1. 立足课堂，探究有效的英语语篇教学中教师教学方式的优化

英语课堂教学设计应体现英语教师对课堂教学流程科学而全面的把握。进行有效的英语课堂教学设计是吸引学生注意力并使之持久的重要方法，有效的教学需要切实可行的教学方式将教学理念与策略操作化。教师要根据学生的特点，深入钻研教材，精心整合部分对话，设计合理的教学过程，努力探究优化语篇教学的方法。

2. 关注学生，研究有效的语篇教学中学生学习方式的转变

"转变学生的学习方式"就是要转变目前在一些课堂中存在的单一与被动的学习方式，提倡和发展多样化的学习方式，特别要提倡自主、探索与合作的学习方式，让学生成为学习的主人，使学生的主体意识、能动性和创造性不断得到发展，发展学生的创新意识和实践能力。通过观测与调查，通过对课题实施前后英语课堂教学中学生自主学习和自我发展能力的研究，探求英语语篇课堂教学中转变学生学习方式的措施与途径。

3. 重视语篇的背诵，培养良好的语感

英语教学是语言教学，它和语文教学一样，重在反复读、时刻练、大量背诵、积累语言素材，使学生在生活中遇到类似的情境时能够将英语脱口而出。背诵可以培养学生良好的语感，提高其口语表达能力。英语阅读中有许多对话、变化多样的句型，学生只有通过反复朗读和背诵才能领会词句的深层含义。这样做不但可以教会学生许多词汇及短句，而且可以帮助学生在表达的时候避免许多错误。在背诵的基础上还可以要求学生进行课文演示，这有利于学生在模拟的情境中加深感悟。

4. 要在语篇的体裁分析中培养学生良好的阅读习惯

对不同的语篇特征进行解构，可以帮助学生迅速、准确地把握语篇的内容。就语篇体裁而言，常见的有说明型、议论型、描写型和叙事型。不同的体裁在写作风格、篇章形式上往往不同。说明性文章常用比喻与举例，议论性文章常是说理与例证相结合，叙述性文章则会按一定的顺序来组织其中的人物与事件。

因此，教师在对阅读理解题的分析中一定要提醒学生注意篇章的体裁，让学生养成这样的阅读习惯：是说明文就去找作者的说明对象，是议论文就要多注意体现作者观点的句子，是叙述文就把阅读的重点放在人物与事件上，从而在阅读与解题的过程中做到有的放矢、既快又准。

5. 在语篇的语境分析中提高学生用英语进行思维的能力

"语境"这个词用得较广，也有不同的内涵。它可以指语篇内部的环境，即"上下文"；它也可以指语篇产生时的周围情况、事件的性质、参与者的关系、时间、地点、方式等，即"情境语境"；它还可以指说话人所在的言语社团的历史文化和风俗人情，属该言语社团的人一般都能理解其在语篇中的意义，即"文化语境"。这三者都有助于理解语篇的意义和交际意图，从而使语篇保持连贯性。

四、研究参与人员

1. 本课题组成员分工

组长：黄宇明。

组长负责组织课题组开展活动，撰写课题设计、实施方案，撰写结题报告。参与课题的实质性研究，撰写有关论文。

主要研究人员：

黄宇明。负责课题研究过程中调查表的发放和回收；负责整理调查数据，撰写调查报告；负责汇总研究数据和撰写阶段性总结；负责记载实验过程，做阶段性小结，撰写教学后记及论文，参与结题报告。

2. 研究的对象

研究的对象为中学生。

五、课题研究保障措施

（1）课题组教师加强理论学习，提高整体素质。

（2）聘请专家进行本课题的研究指导。课题组的实验教师是有十几年教学经验的骨干老师，具有一定的研究能力与课题研究经验。

（3）相关部门在活动组织相关制度的制定、时间和经费方面给予极大的支持。

六、课题研究步骤

第一阶段（2017年05月—2017年06月）准备阶段

（1）整理课题申报相关资料，完成课题申报、立项，成立课题研究小组。

（2）分析新课程教学目标和英语课堂教学现状，为课题研究的具体实施做好充分的资料准备。

（3）制订研究方案及研究计划，建立课题研究小组，落实人员分工，明确职责，力争使研究工作规范化、科学化。

第二阶段（2017年07月—2018年03月）实验阶段

（1）进一步加强对《基础教育课程改革纲要》的理论学习，深入学习典型教改经验，并深入实践研究。

（2）按课题方案，分步骤、分阶段地实施，运用科学的方法、手段实施研究，从而为课题研究获得第一手材料。

（3）进行实际课堂案例分析和行动研究，运用统计学知识将其结果形成书面报告。

（4）完成阶段研究报告，进行阶段成果评估。

第三阶段（2018年04月—2018年05月）总结阶段

（1）完成课题研究报告"提高山区中学生英语语篇能力策略研究"。

（2）总结实验成果并采取相关措施推广研究成果。

七、课题研究方法

1. 行动研究法

行为的改变不是单纯地靠学术研究就能完成的，它往往是在对照新课程理念，审视教学行为，边实践、边研究的过程中，逐渐发生、发展的。因此聚焦课堂，以课堂为载体的研究成为我们研究的主要方式。我们将采用课堂实践、活动讨论的形式开展活动，聚焦当前山区中学课堂教学的现状，用现代的理念进行审视，提出关于提高山区中学生英语语篇能力策略研究的方法策略。

2. 文献研究法

采用文献检索手段，从有关书籍、报刊、文献中收集相关资料，借鉴他人的经验教训，结合本校实际寻找新的生长点，避免重复和走弯路，为课题研究保驾护航。厘清理论，明确概念；掌握动态，探求新路。

3. 逻辑归纳法

在实践过程中总结、探讨该课题的一般教育理论与实践模式等。

八、课题研究成果分析

研究成果：

（1）研究论文、研究案例等，如"提高山区中学生英语语篇能力策略研究"。

（2）提出关于提高山区中学生英语语篇能力策略研究的方法与策略。

1. 辨识语篇中使用的衔接手段

衔接是语篇的有形网络，是语篇分析的重要内容。在阅读教学中，教师要引导学生分析句子的各种衔接手段，从而分析语篇中句子与句子的关系，理顺各个段落之间的层次关系，从中分析作者是用什么方法和语言形式把他们要表达的意思富有逻辑性地表达出来，使学生能正确理解文章的内容及中心思想。

2. 解析话语标记

理解语篇的关键在于如何从语篇组织的形式分析出作者要传达的信息。从宏观的角度来看，就是如何从词汇手段中寻找作者的思路，把握作者思路的变化，而这些通常都是通过话语标记来连接。

话语标记或称逻辑联系语是表示各种逻辑意义的连句手段，它能指出语篇中各部分是在什么意义上相互联系起来的，属于衔接方式的一种，但它与语法衔接、词汇衔接在作用上有一定的区别。语法、词汇衔接有助于读者明白作者叙述的内容；而话语标记交代的是语篇中句与句、话段与话段之间的逻辑意义关系。话语标记重要的是它们的使用能帮助读者理解语篇中的难句或部分，读者可以将它们看作一些信号词，一些理解语篇的"钥匙"。

3. 确定篇章组织方式

作者为了阐发某一主题，会根据其写作目的，有针对性地选择材料，组织、安排文章结构，使之前后连贯，意义清楚。作者会通过特定的篇章组织方式实现其写作意图，或介绍、描述，或传达感情引起读者共鸣，或阐发自己的观点、态度，或说明、规劝。一般来说，叙述文可按事件发生的时间先后叙述；描写文常从空间顺序编排；至于说明文及议论文，常使用分类列举、因果、比较对比，或按一般到具体或由具体到一般的逻辑顺序，或按"提出问题补充证据——提出解决办法"的结构模式来安排材料。

4. 推断并解析出隐含意义

在阅读过程中，由于种种原因，语篇的作者并不直抒其意，而是把要表达的意思隐藏在字里行间。遇到这种情况，读者需要运用自己的推断能力才能抓住文章所要表达的真实含义。读者除了要具备一定的语言知识外，还应该依赖自己的实践知识、个人经验联系特定的语境，方能在此基础上，理解文中隐含的意义，做出正确的推断。

九、总结提高山区中学生英语语篇能力策略研究的评价方法

在研究过程中，我们总结出如下几种比较简单、易操作的评价方法：

（1）注重个体差异。这种方法是将评价对象——学生作为参照点的一种评价。

（2）科学运用绝对评价法。以预定教学目标作为客观参照点，在评价时，把评价对象与客观标准进行比较，评价每一名学生的达标程度。在操作时，对不同层次的学生采用不同的客观标准，使学生保持正常的心理状态。

（3）相对评价法。相对评价法是指在某一集体（班级）中，以这个集体的平均成绩为参照点，评价每一名学生在这个集体中所处的位置。

（4）激励性评价法。 这种评价方法是捕捉学生在学习活动中的闪光点和成功之处进行导评，以满足学生的最佳心理需要，调动学生学习的积极性。

（5）将每学期的成绩报告书改为素质报告书。

"互动式教学模式在初中英语教学中的具体应用探究"结题报告

罗定市廷锴纪念中学　黄宇明

英语是一门语言类的学科，具有良好英语应用能力的学生能够利用英语扫除交流中的障碍，但是传统的英语教育模式，没有达到这一培养目标，反而出现了很多的"哑巴英语"，学生的听、写、读的能力都比较高，但是却不会说，这根本就没有达到学习英语的目的。而以本人多年的教学经验，认为在英语的教学过程中，施行互动教学模式，营造一种宽松、和谐、民主的教学环境，提高学生的自信心与学习兴趣，能够有效地增强学生学习的效率。

一、课题提出背景

随着国际政治、经济文化和科学技术交流的日益频繁，对英语教学的要求比历史上任何时期都要高。以情境交际法和任务型教学法为代表的交际性原则在教学中被广泛运用，以交际原则为核心的国家新课程标准的颁布，无不昭示着这样一个简单的事实：基础阶段英语教学活动终于回归到语言的本质——语言是交际性工具。

《英语课程标准》指出："义务教育阶段的英语课程具有工具性和人文性双重性质。"就其工具性而言，英语课程承担着培养学生基本英语素养和发展学生思维能力的任务，即学生通过英语课程学习能掌握基本的英语语言知识，发展基本的英语听、说、读、写技能，初步形成用英语与他人交流的能力，也就是用英语交际的能力和口头表达能力。

就其人文性而言，英语课程承担着提高学生综合人文素养的任务，即学生通过英语课程能够开阔视野，丰富生活经历，形成跨文化意识，增强爱国主义精神，发展创新能力，形成良好的品格和正确的人生观与价值观。

英语教学已逐步由传统的重"教"向重学生"学"转变。教学要贴近学生的实际生活，注重学生的亲身体验。教师要注意营造英语环境，加强培养学生用英语思维的能力，加强学生语言知识训练，提高语言的准确性；要加大语言量的输入，增强学生英语表达能力。但是，目前我校的英语教学存在一些问题，主要表现在以下几个方面：

（1）教师教育观念还没有得到彻底转变，部分教师仍沿用陈旧的教学模式，教学方法单调，语言交际意识淡漠，课堂缺乏情趣和动力。

（2）课堂教学效率低，"费时较多，收效较差"的局面依然存在。

（3）学生用英语交际的能力差，课堂上不敢张口，形成所谓的"哑巴英语"。

（4）教师讲得过多，学生只是被动地接受、机械地模仿和训练，主动性和积极性较差。英语教师课堂教学的过程中要将教师的指导作用和学生的自主学习有机地结合起来，使学生的学习由单纯的记忆、模仿和训练转变成自主交流和探究，从而使学生的个性得到充分张扬。教师要努力转变教学观念和树立创新意识，创造交际活动情境，增强学生学习英语的兴趣，积极引导学生主动参与各种活动，充分发挥学生的主体性、能动性和创造性，通过活动促使学生语言交际能力的和谐发展和学生素质的全面提高。

为了能有效地促进教师教学方式和学生学习方式的转变，提高教师的专业素养，发展学生英语交际的能力，我们提出本课题的研究。

二、课题研究的意义

随着信息时代的到来和国际交往的日益频繁，英语已经成为世界通用语言（国际上85%以上的学术论文是用英语发表的，各学科的主要学术期刊也以英语为主）。在全球化发展的趋势下，一名学生英语水平的高低关系其将来的竞争力。互动学习是在实现高效学习的前提下，采用互动学习模式，提高英语初学者的互动意识和互动学习能力，进而提高英语学习的效率。另外，互动学习既是一种学习态度，又是一种独立学习的能力。从一开始就培养英语学习者的互动学习能力，符合我国当前社会对高素质、高水平复合型人才的需求。

三、课题研究的理论依据

1. 建构主义学习理论

建构主义学习理论是指在导师的指导下，以学习者为中心的学习，也就是说，既强调学习者的认知主体作用，又不忽视导师的指导作用。导师是意义建构的帮助者、促进者，而不是知识的传授者与灌输者。学习者是信息加工的主体，是意义的主动建构者，而不是外部刺激的被动接受者和被灌输的对象。本课题研究，强调教师在素质提升的过程中，用探究法、发现法去建构知识的意义，并在建构意义的过程中学会主动搜集、分析有关的信息和资料。

2. 人本主义学习理论

人本主义学习理论认为，学习促进个人潜能的充分发展，促进人格的发展，促进自我的发展。学习的实质在于意义学习。这种意义学习，不仅是指理解记忆的学习，而且是指学习者所做出的一种自主、自决的学习，要求学习者能够在极大的范围内自行选择学习材料，自主安排适合自己的学习情境。这种意义学习包含价值、情绪的色彩，涉及整个人而不是单纯认知成分的参与，而且这种学习以个体的积极参与和投入为特征，是一种自发、自觉的学习，是从自我实现的倾向中产生的一种学习，学习者可以自由地去实现自己的潜能，求得自己更充分的发展。开展英语互动课堂教学研究，对于促进教师业务素质的提升，教师人格的充分发挥、意义学习环境的创设、教师自主发展空间的开辟、英语教研长效机制的建立等具有极好的启示。

3. 多元智能理论

多元智能理论认为，每个人至少有语言、数理逻辑、音乐、身体运动、空间、人际关系、自我认识等七种智能。这些智能之间既是相互渗透又是相对独立的。教育的任务在于开发学习者的潜能，使他们得到满意的发展。突出多元性、强调差异性、重视实践性、注重开发性是该理论的主要特征。可以说多元智能理论为开展英语互动课堂教学研究、有效促进教师素质提升和学生英语学习能力发展提供了一种全新的理论视角。

在现代学习理论的指导下，以教师和学生的发展为本，以开展教学研究为载体，在实践和研究的相互结合中，构建促进英语教师素质提升和学生英语学习能力培养的英语教研策略体系和内在机制，能够有效地促进教师素质的提升和学生英语学习能力的发展。

4. 新课程标准基本理念的要求

新课标的基本理念之一是，"采用活动途径，倡导体验参与"，积极倡导学生在教师的指导下，通过感知、体验、实践、参与和合作等方式，实现任务目标，感受成功；在学习过程中进行情感和策略调整，以形成积极的学习态度，促进语言实际运用能力的提高。

5. 英语教育教学改革的需要

改革开放以来，我国的英语教育规模不断扩大，教育教学取得了显著成就。然而就目前的英语教育状况而言，英语教学和学习主要是在课堂环境中进行的，语言的输入是有限的，大班额下的绝大多数学生没有英语学习的环境。语言环境的缺乏给教师科学有效地完成教学任务带来了直接影响，教学课时远远不能满足完成高质量教学计划的要求，教师经常要追加重新认识和培养亲和力的过程，这也造成学生对教学知识的遗忘。

四、课题界定

1. 互动

互动是指在一定的社会背景和具体情境下，人与人之间发生的各种形式、各种性质、各种程度的互相联系、作用和影响。

2. "互动式"教学模式

"互动式"教学模式是师生共同参与的教学过程，是师生共同投入、互相交流、互相思维、互相碰撞，师生之间进行情感交往、沟通的过程，是一个动态的、发展的、教与学相互统一的交互影响和交互活动的过程。在这一过程中，师生关系及相互作用得到调节，形成和谐的师生之间、生生之间、学生个体与学习中介及个人环境间互相影响，从而产生教学共振，达到良好教学效果。

3. 解读"'互动式'教学模式在初中英语教学中的具体应用"

"'互动式'教学模式在初中英语教学中的具体应用"是指在初中英语教学中教师由知识的传播者转变为教学活动的组织者、指导者，变教学过程由传统教师一味地讲，学生一味地听、记笔记、复习笔记、考试，转变为教师创设情境，启发学生，学生主动探索、协商、讨论意义构建的师生共同参与的"双边"教学活动，鼓励学生"Learning by doing"。教师通过一系列"动"，使学生学会学习、学会合作、学会英语，使学生由知识的被动接受者转变为主动探究发现者。教师能够在不同的教学环节中组织有效的课堂活动。实践师生互动式课堂教学是对我国现行英语课堂教学的拓展与改革探索。

五、课题研究的目标与内容

1. 研究目标

（1）通过本课题的研究，激发、培养学生学习英语的浓厚兴趣。大胆地让学生主动参与英语教学过程，以来自教师和学生的有意义的问题展开活动，激发学生内在的学习潜能，充分调动学生的主观能动性。

（2）通过英语教学中师生互动的研究与实践，优化英语课堂教学、课堂结构，达到师生共同、和谐发展的双赢目标。将单一的传统授课模式转变为因课制宜、灵活多样的课内外并重、校内外并重的现代教学模式；在实验全过程中，注意学生的身心发展、变静为动；变机械为创造、创新；变单一为综合，体现以人为本的素质教育思想；变学生被动学习为学生主动学习、乐于学习。

（3）通过对本课题的研究，进行不断探索、总结、归纳、概括，形成适用于"交际—互动"英语课堂教学模式的理念、模式、原则。

（4）通过对英语本课题的研究，提升教师的英语教育理论素养和执教水平，探索有效的英语课堂教学新途径，积极实行新课改。

2. 研究内容

（1）形成英语交际互动课堂的前提条件。

① 对教师素质的要求。更新教育教学观念，以全新的理论素养和现代的视野引领课堂教学的组织形式。提高自身专业素养，迎接全新的课堂活动带来的挑战。

② 对学生的要求。学会科学分组；有效地开展交际互动，要求学生的英语有一定的熟练程度；学生要有发展英语交际能力的内在动力。

（2）初中英语交际互动课堂教学的途径与方法。

① 利用有限的课堂教学时间。

② 营造宽松和谐的课堂教学氛围，形成师生之间、生生之间的亲密关系。

③ 创设情境，设计交际性活动。

④ 引导学生进行探究式学习。

（3）如何对交际互动活动进行评价。

（4）模式的操作流程。

六、课题研究的创新之处

1. 选题富有挑战性

本选题在课堂教学模式改革、传统教学模式与新型教学模式更替的阶段，具有承上启下的作用。

2. 大胆打破传统的教学模式，转变教学观念

交际互动式的课堂活动，充分发挥了学生的主体性，从教师单一的"一言堂"向"师生共同探讨"的模式转化，该模式重新定位了师生关系，摒弃了教师的绝对权威地位。

七、课题研究方法

1. 文献研究法

广泛收集相关英语教育教学理论书刊，查阅近年来英语互动课堂教学研究情况，关注最近的研究成果，为本课题的研究提供充实可靠的理论依据。

2. 调查研究法

通过问卷调查中学英语课堂生生互动的现状以及影响学生参与活动的因素等，掌握一手材料，为本课题的研究提供充足的事实依据。

3. 观察法

在实验过程中，注意观察学生学习英语的兴趣、习惯、信心。根据观察结果，针对学生情况的变化，及时进行单独、个别辅导，鼓励、调整或修改方案，以使实验顺利进行，取得较好的效果。

4. 行动研究法

在实验过程中，边总结，边反思，边改进实验方案，不断使实验得到深化、提炼，力求使实验达到最佳效果。

5. 经验总结法

在研究过程中，主研人员随时对研究过程中取得的成功经验或未见成效的互动方式进行总结。

八、课题研究的步骤与课题研究的主要过程

1. 准备阶段

（1）组建课题组。在准备阶段，我们确定了课题的研究方向，根据课题研究的方向和特点，成立课题组，召开课题组成员筹备会议，然后确定研究课题，起草课题方案，组织申报课题，布置研究任务，明确各自职责。

（2）深入学习英语教育理论。我们学习了《英语课程标准》、新课程理念和理论、人本主义学习理论、建构主义学习理论、社会交互理论及自主学习理论、现代英语教学模式，还学习了《走进英语新课程》《英语教学研究与案例》《新编英语教学论》《英语课改新课型》。我们改变了教师传统的英语教育观，树立英语新课程理念，促进教师角色的转变，建立以学生为本的英语教育观念，树立互动英语教学观，增强英语教学过程中的互动意识。通过学习，我们明确了实践互动英语课堂教学模式的重要意义，逐步提高了英语教师从事课题研究的能力。

（3）确定研究方案。课题组通过学习、问卷调查、分析学生及我校英语课堂教学现状及对课题前期研究进行总结和反复论证，确定了课题研究方案。

（4）根据实验方案写出翔实具体的第一阶段实验工作计划。

2. 实施阶段

该阶段主要是研究英语听、说、读、写课互动教学模式，然后实验所研究的模式，探索不同课型中师生关系、影响英语课堂教学互动的因素及评价机制，增加学生参与课堂活动的时间，进行有效合作，提高课堂教学效率，形成我校英语教学特色，并撰写具有一定水平的教学论文。

（1）研究学生，优化英语课堂教学。我们采用问卷调查的形式，了解我校三到六年级学生的英语学习情况和英语学习现状，了解他们的兴趣、爱好、英语学习方法和英语学习策略。通过课内外与学生聊天、谈心，了解学生的内心世界，改变对学生的评价方式和内容，注重过程性评价。

（2）"交际—互动教学"模式研究。

① 开展"交际—互动教学模式"的集体备课活动和第一轮模式研究课活动。全体实验教师轮流上研究课，参加备课、听课、评课活动。对实验教师提出第二轮课堂教学的具体要求。

② 开展第二轮模式研究课活动。全体实验教师参加备课、听课、评课活动，对照第一轮模式研究课中各实验教师存在的问题，进行教学质量评价，提出第三轮课堂教学的具体要求。

③ 开展第三轮模式研究课活动。全体实验教师参加备课、听课、评课活动，对照第二轮模式研究课中各实验教师存在的问题，进行教学质量评价，提出今后课堂教学的具体要求。

④ 开展"交际—互动教学模式"研究课示范教学课及课研讨活动，做好实验工作小结，写出小结材料。同时各实验教师撰写研究论文，研究探讨"交际—互动教学模式"课的相关问题。

（3）课堂活动是师生互动的主体。我们根据不同的课题，采用不同的互动模式，如师生互动、生生互动。采用两两对话、小组讨论、辩论、采访、角色扮演等形式，从学习内容、组织形式和学习方式等层面设计互动性强，形式多样的活动任务，激发学生参与英语课堂教学互动的热情，提高教学活动的有效性，发展学生的综合语言运用能力和分析问题、解决问题的能力。课后任务起承上启下的作用，既是上节课的延续又是下节课的开始。因此，英语课后任务的布置要具体、明确，让学生知道他们该做什么，怎么做。

3. 实验总结阶段

（1）课题研究人员认真分析了整个实验过程，对实验过程中采用的教学方法及教学效果进行了认真分析、总结，找出不足之处，确定继续研究的内容。

（2）整理、装订研究过程的资料，收集、整理、装订调查问卷。收集、整理研究过程中所有研究教师的研究笔记、教案设计、教学记录和心得体会，并进行装订。

（3）提炼成果。课题组研究人员通过实验、研究，逐步树立了课堂互动意识，对研究过程中所采用的教法进行认真分析、总结内化，撰写课题研究报告，准备结题。

九、研究措施

1. 树立和增强互动意识

为了让实验教师树立和增强教学过程中的互动意识，研究组教师首先认真学习了《英语课程标准》，明确英语课程改革的重点是，改变英语课程过分重视语法和词汇知识的讲解与传授、忽视对学生实际语言运用能力培养的倾向，强调课程从学生的学习兴趣、生活经验和认知水平出发，倡导体验、参与、合作与交流的学习方式和任务型的教学途径，发展学生的综合语言运用能力，使语言学习的过程成为学生形成积极的情感态度、主动的思维和大胆的实践、提高跨文化意识、形成自主学习能力的过程。

认真学习《英语课程标准》解读，清楚了基础教育课程改革的目标是：要改变课程过于注重知识传播的现状，强调形成积极主动的学习态度是获得基础知识与基本技能的前提，同时也是学会学习和形成正确价值观的前提；要改变课程实施过于强调接受学习、死记硬背、机械训练的现象，倡导学生主动参与、乐于探究、勤于动手，培养学生收集和处理信息的能力、获取新知识的能力、分析和解决问题的能力以及交流与合作的能力。

课题组实验的课堂师生互动教学正是实现《英语课程标准》要求的有效途径。实验教师明确了这不仅是课题要求，更是新课程要求，也是课程本身的要求。实验教师通过反复学习理论、理念、课标及研究，提高了自身认识。

2. 将互动行为贯穿教学过程始终

（1）课前教师设计互动。教师设计教学过程与活动时认真研究《英语课程标准》、教材、教学目的、内容、方法、学生和环境；通过每个星期四下午的教研活动同教研组交流教学目标、要点，教学过程设计及应变策略、练习和作业设计。教案中考虑并精心设计适时、适量的师生互动，学生间的互动，以及怎样互动。

（2）课中引导、激励学生互动。上课时，教师要带着激情、微笑、趣味与期待走进课堂，激发学生的兴趣，帮助学生树立自信心，让他们喜欢学。要设计能激发学生求知欲的问题，以知激情、以亲激情、以奇激情、以动激情、以凝激情、以趣激情、以辩激情等，激发学生的学习兴趣与激情。在互动过程中，教师要教会学生如何学，使其会学；在互动过程中，教师要热情帮助学生克服学习过程中的困难——教师点拨，促进学生互动；要鼓励、诱导学生积极参与，不怕出错；对待学生的错误不批评，只要能发言的学生都要加以表扬。教师要善于调控课堂，使课堂活跃有序，这样整个课堂就动起来了。

（3）课后激励学生互动。课后教师反思目标达成情况、成功与不足，寻求改进措施。布置的课后作业形式要多样。作业可以是口头、笔头或听力等不同形式，但必须与学生兴趣相结合；难易程度和数量应符合学生的实际需要，使学生乐于去完成，乐于进行互动交流。学生在课堂互动的基础上被激活思维，获得成功感，教师再鼓励、诱导学生积极参与课后互动，学生便会自觉动起来。如初一上"When is your birthday"后，教师布置了"回家了解家人生日时间"的作业。

总之，研究教师要力求在各个环节认真挖掘互动因素，改变教师只注重知识传授的行为。

3. 多种渠道激发学生的互动行为

（1）激发学生参与互动课堂的兴趣。"兴趣是最好的老师。"要想学得好，必须有兴趣。学习的兴趣和学习的主动性相伴相随，是一对孪生姐妹。让学生走向自学和学会学习，是我们的教学目标。课堂教学活动不仅是一种认知过程，而且是一种师生之间、生生之间的交往过程。教师不是单一的知识传授者、解惑者，而是知识的促进者、引导者；学生不是单一的知识接收者、复制者，而是知识的发现者、创造者。

① 课堂上激发兴趣。教师从初一起就要坚持用英语组织教学，辅以手势、身体语言，为学生创设一种英语学习氛围。课堂教学中，要根据教学内

容，结合学生实际开展游戏活动，如单词接力赛、朗读比赛、会话表演、学唱英语歌曲等。

② 适当开展课外活动激发兴趣。教师要组织各种有益的课外活动小组，让学生自己动手、动脑，在快乐的课外活动中获取新知识、新技能，以弥补课堂教学中的不足，培养实践型人才。

一是让英语学习成绩好的、有较强组织能力的学生创办班上的英语角、英语板报。

二是举行英语晚会。学生进行会话交流、表演，唱英语歌曲，讲英语故事。

三是开展英语书法竞赛。将优秀的书法作品在班上展出，并予以表扬；再将各班优秀作品在全校展出，并予以鼓励和表扬。

四是开展知识竞赛。在学生中开展知识竞赛，对优胜者加以表扬，可培养学生的竞争意识。

五是鼓励学生看广播电视英语节目、阅读英语报刊（如《英语周报》《英语21世纪学习报》《学英语报》等），扩大学生视野，拓展学生的知识面与能力。

六是开展演讲比赛，培养学生大胆交际能力。

为使学生有大胆交流的场所和机会，课题组常让实验教师在任课班级中开展朗读、演讲、表演活动。活动面很广，演讲、表演内容丰富多样，体现生活，学生参与热情高。在演讲、表演中，学生大部分语音语调正确、流利，有的相当优秀。比赛效果很好，起到了激励学生大胆开口讲英语，用英语表达思想、进行交流的作用，达到预期效果。

（2）教师转变在教学中的角色。教师由传统的知识传授者转变为学生发展的指导者、合作者、促进者，教学过程以学生为主体，留给学生互动的时间和空间，激励学生动口、动手、动脑。

4. 探究"初中英语师生互动式教学"的形式

（1）课前教师"启动"影响、指导学生的"动"是课堂师生互动式学习的前提。教师课前的"启动"是学生课前"动"的基础，是课堂上师生互动的前提。讲授新课前，教师根据《英语课程标准》要求、教材内容、学生水平及学习兴致进行课堂设计，向学生提出要求，做适当的引导，激发学生的求知欲望，让学生课前先"动"起来，自主发现问题、分析问题，初步获取解决问题的办法。

（2）师生互动、生生互动、组际交流。教师在"师生互动式教学"的主体——学生自觉、初步感知的基础上，讲授新课，整个课堂中教师扮演助学者、任务的组织者和完成任务的监督者角色。

小组间生生互动：小组由4～5人组成（好、中、差），学习程度尽可能保持"同组异质、异组同质"，相隔一段时间重组。小组成员人人用英语汇报预习的结果、回答教师"启动"提出的目标、要求及自学情况，组员间轮流问答，共同解决问题。小组长做好记录，并归纳不能解决的问题，由教师注意指导、调控。

教师让讨论较成熟的小组代表发言汇报对所学知识的理解程度，其余各组做适当的补充、质疑，各组提出疑难问题。教师围绕语言知识的中心和话题，突出重点语言知识。最后，由教师做出公正、客观的评价，与学生一起对所学知识进行总结、归纳、解决。

这样，绝大多数的学生都可以在课堂上大胆地、尽情地说英语和学英语。学生有更多的自由活动、自主体验的时间、空间。学生有了自我表现与同伴合作交流的机会，并能积极主动地获取知识，提高学生的自主能力，分析、判断、推理解决的问题多种思维能力，学生在不知不觉中习得了语言，学生的学习潜力、创造力、创新能力得以发挥，也培养了学生的合作精神，克服学生的以自我为中心、胆怯等不良心理。

5. 评定、练习、检测——"师生互动式教学"的评价方式

"师生互动式教学"采取形成性评价与终结性评价相结合的方式，既关注结果，又关注过程，尽可能地让学习过程和学习结果的评价达到和谐统一。

形成性评价就是对学生日常学习过程中的表现、所取得的成绩及所反映出的情感、态度、策略等方面的发展做出评价。

（1）组间交流、师生交流、生生交流活动过程中，教师按一定的评价标准对学生进行全面、客观、公正、准确的鼓励性评价，激励学生学习，帮助学生有效地调控自己的学习过程，使学生获得成就感，增强自信心，培养合作精神。

（2）为使评价公平，达到激励学生的目的，教师还采取了学生自评、学生间互评、家长参与评价等手段，实现评价主体多元化。

（3）平时练习评定。教师根据知识的不同层次、不同侧重点知识和学生情况，设计练习题，对学生进行课内练习，及时巩固其所学知识、检测自己的教学效果。采取学生自评、互评、互议、互批等方式进行评定，教师对出现的具有代表性的问题加以指导。教师获取评价反馈信息，有效地校正；学生参与积极性高，更有自信心。

期中和期末考试是终结性评价，学生最后的成绩是平时成绩（形成性检测成绩）和终结性成绩的百分比总和。这样有利于学生的整个学习。

本阶段的研究与实验，教师树立了互动意识，初步探索出了英语互动式教学的形式，但要达到预期的研究效果，还需要继续深化研究。

十、研究成果

1. 构建初中英语师生互动教学模式

总结出"互动"产生的过程，构建了以学生为主体，教师组织指导，师生共同积极参与的师生互动教学模式。

2. 教师综合素质提高，教学效果显著

（1）教师树立了课堂互动的教学理念。通过教学理论的学习，教师逐渐改变了以往传统的机械式、"填鸭式""灌输式"的教学方法，教师能自觉运用互动于教学之中，根据教学内容、特点、学生实际，设计有效的课堂互动。

（2）有效地优化了课堂教学。教师的教学更加注重情感渗透，更加关

注学生的学习兴趣、良好的学习习惯和策略的培养。教师更加明确自身的角色——课堂教学的组织者、指导者、参与者和学生的合作者，更加注重学生参与、师生互动、生生互动，体现以学生为中心，以学生发展为本的《英语课程标准》教学理念。大力实践交际互动教学，教师的教学由重视语言知识转变为重视语言运用；教师能从学生"用所学语言做事"的角度设计各种教学任务活动，从而提高课堂效率。

（3）教师教育教学教研成绩优异。教师不断总结教育教学经验，并提升到理论高度加以分析研究，形成理论文章，在各级报纸杂志上发表，逐渐由经验型教师向研究型教师转变。实验教师共撰写论文30多篇，在报刊上发表的文章有9篇。

3. 学生参与教学过程的积极性和水平得到显著提高

（1）培养了学生的合作意识、互动意识和社会适应性，提高了他们的交际能力。

（2）满足每一名学生的"表现欲"和"归属感"。

（3）使学生的主体地位更加突出，培养了新型的师生关系，体现教学的民主互动。给每一名学生提供了相当广泛的活动空间，使学习过程真正建立在学生自主活动、主动探索的基础上，极大地激发了学生主动学习的积极性，使他们真正成为学习的主人。

（4）优化了学生学法。通过课内外互动教学，培养了学生大胆讲、说英语的习惯，培养了学生的交际互动能力——师生互动、生生互动、社会交流能力，培养了学生的合作精神与竞争意识、创新精神，使学生的学习自主能力增强。学生变原来被动式、死记硬背的学习方式为讨论式、合作式、探究式学习方式。

（5）学生学习英语的能力得到提高。从课堂教学实践、教师的亲身体验、学生的反馈信息和学业成绩来看，在课堂内外互动环境下师生互动教学模式能发挥学生作为学习主体的作用，提高学生学习的自主性，使学生从"要我学"的被动学习状态转变为"我要学"的主动求知状态，从而培养了学生的创造性与合作精神，极大地提高了学生的听说水平，提高了学生的英语学习质量。

十一、反思与展望

课题暂告结束，研究仍将继续，尚待解决的问题有以下几点：

（1）由于英语课时紧，英语互动教学过程中的评价措施不能在课堂上实现，在英语考试中更难操作，预期的语法课中的互动教学模式没有形成。

（2）对英语课互动教学模式满意度、参与度、积极性等只做了横向调查，而没有进行跟踪调查。

（3）对于一些教师而言，英语互动课堂教学活动范例，从模仿到独立操作还有一定的困难。

以上问题有待在深化研究中逐步解决。希望我们的教学实验能进一步提高初中英语的教学质量和效率，并在其他学科的教学中也积极开展师生互动式教学，使学校的整体教学质量更上一个台阶。

柔性管理模式在初中阶段班主任工作中的分析

罗定市廷锴纪念中学 黄宇明

随着我国教育的不断改革，在初中阶段管理中以刚性教育管理为主的教育模式逐渐显现一些弊端。教师在管理学生的过程中方式单一、强硬，很大程度影响了教师与学生之间的互动与交流，进而影响学生的身心发展。如今，班级柔性管理慢慢进入公众的视野，被逐渐引入初中阶段的教育管理中。柔性管理的模式慢慢缓解了初中阶段教育管理中存在的一些问题，减少了初中阶段教育工作中存在的一些矛盾，提高教育管理水平，丰富了教育管理内容。柔性管理模式融入初中阶段教学管理中既发掘了学生的潜能，又培养了学生学习的积极性和主动性，更提高了学生管理工作的效率。

一、柔性管理的特点

柔性管理主要是指不以上级向下级发布命令的方式开展工作，明确工作方向和学习计划，而是以人为本。柔性管理在本质上重视人们内心的想法，主要是从人们的心理活动出发对管理的过程进行交换和代替，因而更尊重被管理者的心理需求。柔性管理模式能够激发被管理者的积极性和创造精神，将柔性管理运用于教育管理中，将这种管理模式实施于校园管理中，既能提高学生学习的积极性和创造能力，又能提高学生的综合素质。在开展班级管理工作时，教师要以学生为先，要考虑学生身心接受教育的力度，动之以情，晓之以理，使得班级管理工作落实到位。

157

在初中阶段学生的管理工作中融入柔性管理，使管理学生的工作变得更有效率，让学生们在学习的过程中充满了热情和创造性，这些都是刚性管理本身不具备的。传统的刚性管理模式需要被管理者执行规章制度，管理者拥有绝对的实权。在整个管理过程中，管理工作具有绝对的强制性，管理手段也比较单一，这样并不能激发学生对学习的积极性和主动性，只会让他们产生负面情绪和逆反心理。柔性管理在初中阶段教育管理中的实施，能够将情感教育和文化教育相结合，关爱学生、理解学生、相信学生，重视学生的个人诉求，让学生感受到人文关怀。学校要制定完善且具有人性化的管理制度，让学生感受到尊重和理解；要给予学生相应的指导和鼓励，使学生确定自身的价值，从而在初中学习阶段，明确自己的学习目标和人生方向。

二、初中阶段教育管理中存在的问题

1. 忽略对学生的人文关怀

大部分学校初中阶段教育手段比较单一，并且过于强调制度的实施，没有根据学校的实际情况，采用适当的管理制度，在管理过程中出现了各种各样的问题，这样久而久之让学生和家长逐渐对教育管理失去了信心，进而影响了学校的形象。初中阶段教育管理方式的机械导致了管理缺乏创新性，与社会发展的步伐脱节；对学生缺少一定的人文关怀，影响了学生的积极性。这样的管理模式在根本上阻碍了学生的发展。

2. 忽视学生的个人诉求

目前，初中阶段教育管理模式较为传统，在根本上忽略了学生的主体地位，对于学生的个人诉求也视而不见，完全没有落实以人为本的管理理念，对学生的关注较少。在教育中，这样的管理模式不利于提高学生的学习能力，让大部分学生在根本上缺乏主动性，影响了学生的自我培养和自我发展。

3. 柔性管理制度不够完善

如今初中阶段的学生都是"00后"，具有自己独特的个性，在事情的观点上有自己的看法，思考问题的想法也相对比较叛逆。学校在初中阶段教育管理中实施柔性管理模式，能够结合学生的情况对不同学生采取不同的管理。但是，在制度实施时，首先要了解清楚现实情况再对学生实施教育和管理。

三、柔性管理在初中阶段教育管理中的实践

1. 坚持以人为本的管理原则

在初中阶段教育管理中，柔性教育管理是一项人性化的教育管理模式，主要是通过在管理过程中实施人性化的管理来最大限度地达到教育学生的目的。柔性管理在初中阶段管理中能够增强教师与学生之间的沟通，使教师能够与学生进行一定的情感交流，在教学中能够突显学生的主体地位。我们要明确教育管理的目的不是去管束学生，而是在尊重学生意愿的基础上更好地教育和引导学生成长，所以说在教育管理中，柔性管理模式的实施能更好地培养学生成为德、智、体、美全面发展的人才。将柔性管理作为初中阶段管理中的出发点，能够改善传统刚性管理存在的不足，营造正确而又适合当下学生的管理模式。

2. 提高教师的综合素质

在初中阶段，教师作为学生的管理人员，若是一味地按照制度或是学校的管理要求对学生进行教育或培养，会在很大程度上限制学生的发展空间。在初中阶段，教师处理事情的方式会直接影响到其在学生内心的形象和地位。柔性管理实施在教育管理中，能够让学生与教师进行良好的沟通，让学生在内心肯定教师、认可教师。教师作为学生的引导者，要想得到学生的肯定，必须率先做出表率，努力学习，提高自身的综合素质，同时要摒弃制度性的教育管理，应用柔性管理创建出一个积极的育人环境。在初中阶段管理中，教师的良好表率能够对学生未来的发展和成长起到至关重要的作用。教师必须要摆正自己的心态，给予学生正确的影响，并不断改变自身在管理工作中为人处事的方式，提高自身的综合素质。

3. 建立合理的奖惩制度

目前，大部分地区的初中阶段依旧实施着传统刚性管理教育模式，这样

的激励机制比较单一，在管理中偏向惩罚模式，不能够对学生形成良好的激励效果。在教育管理的奖惩制度中柔性管理理念的实施，能够合理利用奖惩措施，不断激发学生学习的热情和动力，促进学生学习成绩的提升，让学生主动地投入学习中，极大程度地开发学生的潜能。在初中阶段的教育管理中，合理的奖惩机制能够给予学生一定的肯定，提高学生学习的积极性，同时，适当的惩罚机制也能够让学生进行反思，从而更好地认清自己的错，进行改正。

4. 建设完善的校园文化

在初中阶段实施的柔性管理主要是基于教师与学生之间共同的教育价值观以及和谐的教育氛围对学生进行以人为本的教育管理。在教育管理的过程中，良好的校园文化可以增强初中阶段中学生与教师之间的沟通，这样能够促进初中阶段学生的发展，进而促进校园文化的发展和稳定。在学校中实施柔性管理，也可以激发学生对学校的归属感。以人为本的柔性管理教育理念能够促进校园文化的建设，有利于学校的发展，让学生对校园的发展有一个统一的认知。

四、结语

总的来说，柔性管理是一种高效率的管理模式，这种管理模式能够在管理中激发学生的主动性。在现今初中阶段管理中，我们应该将刚性管理和柔性管理相结合，建立完善的管理机制，从而提高学生的综合素质和学校的教学质量。在初中阶段管理中，柔性管理与刚性管理需要学校结合实际情况去实施。要不断地改变教学管理制度，将两种融合的管理模式落实在实际管理工作中，完善学生的管理工作，保证学生教育管理工作能够更好地开展和进步。

参考文献

[1]郑丽娟.用爱维系　快乐成长——浅谈班主任的柔性管理[J].科学大众（科学教育），2017（5）：166.

［2］韩国飞.柔性思维在小学班主任管理工作中的应用［J］.西部素质教育，2017，3（3）：272.

［3］胡丹.柔性管理在中职班主任管理中的应用［J］.西部素质教育，2016，2（19）：181.

［4］李月荣.柔性管理模式在班主任工作中的实践［J］.基础教育研究，2016（16）：78+82.

［5］黄嵌.柔性管理在中职班主任管理中的应用［J］.中外企业家，2015（12）：87.

初中班主任班级教育管理的创新思路

罗定第四中学　王清华

初中生是一个充满着好奇心理与好动的群体，对于他们的教育管理，班主任不能够故步自封、单一地用传统的教育管理模式。班级教育管理对班级活动的有序开展和班级学生的茁壮成长至关重要。而对于初中生来说，班级教育管理就显得尤其重要，因为这个阶段是让他们树立正确人生观、价值观和世界观的关键时期，这对他们以后人生的发展有着非常重要的指引作用。班主任在进行班级教育管理时要有创新思路，以学生为本，这样才能真正有效地推动班级管理与发展。

一、初中班级教育管理对创新的要求

初中教育作为教育过程中一个承上启下的过渡阶段，对于学生来说是非常重要的。初中生刚从小学教育阶段走过，对新阶段的教育充满着好奇与希望。他们希望进入一个管理性强但是并不古板的班级，希望能够进入一个与小学不同的教育管理模式的班级。初中生本身就是一个创新的群体，如果让他们生活学习在一个传统管理模式的班级里，久而久之也会限制他们创新力的发展，这对他们的发展是非常不利的。所以这就需要班主任能够在班级教育管理中学会创新，应用创新思路，给学生创造一个充满创新力量的班级，这样才能让他们更好地成长。除此之外，初中生正处于青春期，没有很好的自制能力，这对班级教育管理的创新也提出了迫切的要求。班主任在班级教育管理时需要给予学生正确的人生导向、正确的人生目标与追求，让学生在创新的管理教育模式中更易于接受，更服从管理，这样才能够形成一个良好的班集体。

二、充满创新思路的班级教育管理之策略

1. 树立班级教育管理的理念，增强班级凝聚力

一个好的班级会给学生们树立一个积极向上的理念，如给学生树立"三让"理念：让老师省心、让家长放心、让同伴开心。"三让"理念能够让学生学会体谅，体谅教师和家长的良苦用心，同时也能够让学生更好地融入群体，互相体谅、互相帮助、共同成长。给学生树立"活、合、和"的理念，让学生追求一种活泼、活跃的积极向上的状态，让学生凝聚一股合作、合力、融合的团结协作的力量，让学生拥有一种和睦、和谐、和美的人与社会的追求。不仅如此，还要让学生养成"静、竞、敬、净"的生活学习行为规范，同时还要让学生学会承担责任。教师将这些创新的教育管理理念深入贯彻到学生的生活学习中，不仅能够增强班级的凝聚力，还能够更好地规范学生们的行为，让学生养成良好的行为习惯。

2. 打造一支班级管理队伍，发挥模范带头作用

班集体的成长不仅需要班主任采取创新的教育管理模式，而且也需要班主任建立一支优秀的班级管理队伍，让学生带领整个班级，给班级学生树立一个良好的榜样。班委团队是班主任的左膀右臂，能够帮助班主任更好地了解班集体，它对于班级来说是非常重要的。所以班主任在选班干部的时候一定要挑选一些有责任心，能够起到榜样作用，同时表达能力、组织能力以及合作能力较强的学生担任。除此之外，班主任还要对班干部的工作给予肯定与赞扬，并且要及时和班委进行沟通交流，及时了解班级的情况，鼓励班委进行创新，使班委能够更好地用创新的方式融入班级里，主动做好班委的工作。

3. 营造班级文化氛围，开展特色活动，提高学生的创新力

班级文化总体来说可以分为"显性文化"和"隐性文化"。所谓显性文化是指物质文化，是能够看得到、摸得着的，比如班训、班规、板报等。隐

性文化是一种软文化，是在学生成长过程中形成的制度、观念和行为文化。班主任在进行教育管理中要创新地营造这样的班级文化，潜移默化地影响学生的成长与发展。与此同时，班主任还要根据学校安排的活动进行创新改编，根据学生的发展去开展一些能够培养学生创新能力的活动，让学生在创新中学会创新，提高他们的创新能力、创造能力。

三、结语

由此可见，初中的班级教育管理需要创新，班主任首先要学会创新，要有创新的思路和落到实处的做法。班主任在管理班级时要以学生为本，多关注学生的特性，要在适合的教育管理模式上走创新之路。除此之外，班主任还要重视班级管理制度的合理性和规范性，注重学生人文素养的培养，以及他们创新能力的提高。班主任可以给学生贯彻正确的班级管理理念，让学生在日常行为规范中树立正确的人生观、价值观和世界观，并制定合理的管理制度提高他们的自律能力，给他们营造一个良好的、有文化氛围的课堂环境。总之，初中班级教育管理需要不断创新，需要班主任在以后的班级教育管理中不断开拓创新思路，为教育事业的发展贡献自己的力量。

参考文献

［1］张宏.中学班主任教育管理工作的创新［J］.现代阅读：教育版，2013（01）.

［2］郝建荣，郝丽萍.班主任管理工作之我见［J］.现代阅读：教育版，2012（04）.

与学困生打交道"三妙招"

罗定市廷锴纪念中学　黄宇明

作为一名普通的班主任，肯定喜欢与自己管理的班级中的优等生打交道，自然害怕与学困生打交道。如何与学困生打交道，是班主任永恒的一个话题。我在班主任工作中，慢慢地借鉴探索，悟出了自己觉得行之有效的与学困生打交道的三招，在此做一一介绍。

一、用平常心来看待学困生

我们都应该明白任何学生都会同时存在优点和缺点。所谓"优等生"与"学困生"的评判标准本身就有局限性和片面性，我们应该用平常心夫看待每一位学生。

我做过一个班的班主任，班上有十来个"学困生"，他们不但是在学习态度方面不够端正，而且对自己要求也不严格，坏习惯很多。面对这种情况，我常对自己说，学生出现错误是正常的，不犯错误是超常的。教师如果把教育学生、改正错误当成是一种烦恼，那是一种悲哀。教师在面对这些学困生时最该有的是快乐感，因为自己在改变学生的不良习惯，在塑造人，在帮助学生健康成长，我们应该享受这份快乐。对待我班的学困生，我坚持要求自己要保持一颗平常、宽容的心。我心里总是告诫自己他们毕竟还是孩子，更何况他们已经是初中的学生了，他们也有思想、有自尊的，他们需要得到理解和肯定。所以每当发现他们有一丁点儿的进步或发现他们在某一方面的优点时，我都会及时对他们进行表扬。

　　班上有一个姓陈和一个姓赖的学生平时总是上学迟到、上课睡觉、课堂上玩手机。我很少批评他们，因为他们一直以来都是因为这样或那样的原因而遭受家长或教师的责备，再对他们进行过多的批评已经毫无意义了。对待他们需要用不同的方法。为了改变他们办事拖拉、上学迟到、上课睡觉、玩手机等不良习惯，我跟他们拉钩约定如果他们俩能做到一个星期不迟到，我就请他们吃棒棒糖；如果他们能坚持做到两个星期不迟到我就请他们吃雪糕。小小的奖励，使这两名学生渐渐地改变了不良的习惯。现在他俩已经很少迟到了，并且上课也不睡觉，课堂上也不玩手机了。我还偷偷地叫班长在班上对他们进行表扬，他们自己也慢慢地意识到自己之前的行为习惯确实不好。他们的思想慢慢转变过来了，随之好的行为习惯也慢慢养成了。

二、用发展的眼光去看待学困生

　　我一直告诫自己，作为教师要对学生有信心、不要歧视他们。因为教师是他们每天都接触的人，也是他们心底里最重视的人。教师的言行和态度直接影响那些所谓学困生的成长。我们不能因为他们犯的一些小错误而过多地对他们进行指责，毕竟要把那些学困生的不良行为习惯改掉不是一件容易的事情，只要给他们机会，给他们时间，对他们进行正确指引，他们也就不会再犯了。我的班上有一位姓谭的学生，他不光学习成绩差还经常旷课，上课睡觉、不交作业，也不参加班里的任何一项活动（包括打扫卫生）。我没有对他进行过多指责，也没有因为知道他以前的不好表现而看不起他。我经常跟他闲聊，发现他电脑知识很丰富。于是，我总是故意向他请教关于电脑方面的知识，还找他帮我打印上课要用的许多资料以及课件。他觉得很有成就感，也觉得我很尊重他。于是我又慢慢地在行为习惯方面纠正他，每当他表现好的时候我就请他喝杯饮料或吃一顿早餐当作小小的奖励，我也叫其他科任教师适当地对他加以表扬。这名学生现在已经基本上能够做到按时上学、不旷课，主动参加班上的各项活动了。

三、用真诚和理解的心对待学困生

对待学困生最重要的就是做到以情动人。首先，要做到"真诚"，即不应有丝毫虚伪与欺哄，一旦学生发现"有假"，那么教师所做的一切都会被看作是在"演戏"，因为这类学生往往会有点偏激，他们会说："老师是说给我们听的，假装给我们看的，才不是那么回事。"结果是真的也成了假的。我在学生面前总是很热情，很开朗。有一次班上的学生说要组织学生来我家里包饺子，一听到他们说有三四十人要来我家，我心里也觉得很夸张、很难接受。但是为了搞好师生关系，也为了让他们觉得我是真心真意地对待他们的，我非常热情地接待了班上的三十多名学生，既促进了班级同学之间的交流，也增进了师生之间的沟通。其次，做到"理解"。要牢牢记住，理解就意味着尊重，理解就意味着宽容。如果在学困生身上能够做到"真诚"对待他们，善意地理解他们，高兴地接受他们，一定会促进学困生的进步和发展。

我坚信"在我们学生的内心深处，都有挚真、挚善、挚美的一面，都有对真、善、美和假、恶、丑的最低衡量标准"。我一直记得一句话：成功其实很简单，就是简单的事情用爱、宽容、理解、耐心重复地做。

与其"河东狮吼"，不如"春风十里"

——"00后"初中生班级管理之道

罗定市廷锴纪念中学 邱 敏

　　"00后"的初中生赶上了科技日新月异的时期，他们将对未来社会的变革起着巨大的推动作用。作为新世纪的儿童，他们拥有更加良好的条件与教育氛围。一方面，他们的父母具有创新精神和开放的思想，更加注重孩子的全面发展。另一方面，如互联网、电子产品、涂鸦、中性、搞怪等新事物又不断给他们的成长带来各种各样的冲击。随着年龄的增长，"00后"的群体也逐步进入中学班级管理的视野。新的时期，面对新的形势，初中班主任的班级管理工作面临新的挑战。

一、"00后"初中生思想特点研究

　　"00后"的初中生，其生活环境更优越，眼界也更开阔。他们的活动能力很强，自信心较足，但遇到需要他们静下心来倾听、观察、表达的时候，他们却非常不定心，如自己发言完了就不听别人的发言，没听清楚要求就举手发言；说话不完整，观察不细心；等等。"00后"的初中生有两个重要的社交核心趋势：一是基于圈子和兴趣社交；二是有图文、短视频、音频、视频等多样化的表达方式。

二、"00后"初中生班级管理之道

"春风"效应也称"温暖"效应,源于一则寓言:冬风和春风比威力,看谁能把行人身上的大衣脱掉。冬风首先来一个冷风凛凛、寒冷刺骨,结果行人为了抵御北风的侵袭,便把大衣裹得紧紧的。春风则徐徐吹动,顿时风和日丽,行人觉得春暖上身,始而解开纽扣,继而脱掉大衣,春风获得了胜利。

故事中春风之所以能达到目的,就是因为它顺应了人的内在需要。这种因启发自我反省、满足自我需要而产生的心理反应,就是"春风十里"。由此可见,实行温情教育,多点"人情味"式的表扬,培养学生自觉向上,能达到事半功倍的效果。其实春风和冬风的故事大家都很熟悉,"春风"效应对现在"00后"的初中生更管用。班级的主体是学生,核心是班主任,班主任在班级工作中起着至关重要的作用。那么,班主任在班级管理中应如何避免使用"河东狮吼"式的班级管理模式,继而营造"春风十里"的融洽氛围呢?我认为可以从以下几个方面着手。

1. 坚持民主管理模式,调动"00后"初中生参与班级事务的积极性和创造性

(1)班主任的作用

班主任在初中班级管理的工作中要发挥模范作用,坚持民主合作的原则,严于律己、以身作则,用自己的行动引领"00后"初中生积极向上,努力学习,促进班级管理工作高效开展。

(2)建立民主监督机制

民主是我们开展班级管理工作的前提和基础,任何工作都要建立在民主的基础上。班主任也要建立民主管理机制,让"00后"的初中生参与到管理工作中来,互相监督,畅所欲言,从而营造民主的氛围,增进师生之间的互动交流,增强学生的集体荣誉感。

(3)构建民主平等的集体关系

班级里可以开展班会、运动会、联谊会、讨论会和座谈会,同学、师生之间要相互体谅，互相宽容。要让"00后"的初中生感受"家"的温暖和快乐，将集体的荣辱和自己的荣辱关联起来，成为集体的主人，实现班级管理工作的基本要求。

（4）批评教育要点到为止，避免出现物极必反的"超限效应"情况

"超限效应"在一些教师对"00后"初中生进行教育时时有发生。由刺激过多、过强，作用时间过久而引起的心理极不耐烦或抵触的心理现象，称为"超限效应"。例如，当学生不用心而没考好时，教师会一次、两次、三次，甚至四次、五次重复对一件事做同样的批评，使学生从内疚不安到不耐烦，最终到反感、讨厌。

2. 做"00后"初中生的"导师""依友"，成为他们的"自己人"

在过去传统的教育观念中，"师道"总是与"严肃"联系在一起，教师发号施令，学生唯命是从，学生对老师毕恭毕敬，师生关系似乎总隔着薄薄的一层纱。师生在交往中总是小心翼翼、如履薄冰，不能像朋友般在一起愉快地玩耍、学习、进步。然而，在新教育理念的指引下，师生关系悄悄地发生着微妙的变化，师生关系的界限不再那么明显和对立，彼此间的距离正在逐渐拉近，从不对等的地位开始到同一水平线上的对话，教师与学生也可以亦师亦友地交心、交朋友，教师也可以做学生学习中的良师，同时做学生生活中的益友。

（1）做"00后"初中生学习上的"导师"

面对"00后"的初中生，教师用"吓一吓、哄一哄、诈一诈"的"老三字经"去教他们已经不管用了，现在的学生学习途径多种多样，教师要从以前的"高高在上的授课为主"变为"促进他、帮助他、鼓励他"的"导师"。

从我第一天接手八年级四班的那刻起，我便开始以一名学生学习上的良师的身份与学生交往，不仅在学习上成为他们的良师，同时在生活中，也教学生学会读书、学会做人。在工作当中我做到以下几点：

① 刚接触这个班就全面了解学生以及学生的个性并记住学生的名字，每次均能准确地叫出每名学生的名字，充分体现了对学生的尊重。

② 教学生如何提高自己的综合素养。比如，我会告诉学生见到教师要问

好，离开自己的座位后要把板凳放到桌子下面。教师在教室里和学生说话，学生要主动站起来。

③ 用爱心唤真情。比如我在工作的时候让学生也参与帮忙做些力所能及的工作，让他们感受到班主任的辛苦。

④ 多听听学生的声音。在每件事上不妨多听听学生的意见，看看他们态度如何。

⑤ 用个人魅力吸引学生。我在把课堂知识讲通、讲透的同时，将个人的乐观情绪带到课堂与学生的交往中，感染学生。我尝试用微信、QQ等即时通信工具与学生们进行社交；学会制作短视频、音频、视频等增加课堂的趣味性。学生只要喜欢上一位教师，就会接受他说的话，愿意听他讲课。学生在不知不觉中就能够掌握学习内容，成绩的提高也是自然而然的事。

（2）做"00后"初中生生活上的"依友"

"00后"的初中生虽然思想早熟，但生活大都"晚熟"，特别是刚进入初中离开父母住校寄宿时，他们普遍需要依靠。所以，我们除了做学生学习上的"导师"，还要更好地做好学生生活上的"依友"，这样才能更好地接近和帮助学生。作为班主任，多和学生沟通交流很重要，我基本每天都会到宿舍去走走，问问学生的伙食睡眠情况，和学生拉拉家常，说说笑笑，拉近自己与学生的距离，了解学生的思想与动态，从而更好地针对学生开展德育工作。

（3）善于倾听，充分利用"自己人"效应

所谓"自己人"，是指对方把你与他归于同一类型的人。"自己人"效应是指对"自己人"所说的话更信赖、更容易接受。

教师可以采用心灵沟通策略（知心、关心、热心、信心、耐心、交心），积极寻找与"00后"初中生的共同语言，让自己成为学生的"自己人"。古语曰："亲其师，信其道。"，新时期的教师尽力博得学生的好感是必须要做的事。如果教师让学生讨厌，势必会影响学生"信其道"。教师要及时反思并寻求改变。

例如，为矫正初中生的早恋倾向，我在一次班会上的开场白是这样说的："记得自己年轻时，班上有一位异性，不知怎么回事，我总是会想到他，在上课时也会禁不住看他一眼。"然后，我指出这是青春期性萌动的正常反应，再接着谈自己对早恋的看法，这样沟通的效果就比较好。"00后"的初中生会觉得我也是他们的"同道中人"，会觉得亲切可信，从而对我的建议愿意听取采纳。

师生在这种"自己人"平台上对话，是教育工作的进步，也是德育工作的创新。但在这种放下"严师"架子的教育工作中，教师不能一味地包容和过度迁就学生，教师要坚定自己的立场，要适当地恩威并施，这样才能帮助学生健康快乐地成长。

3. 尊重"00后"初中生，平等、真诚地对待他们

（1）完整地接纳"00后"初中生，"步步为赢"

"金无足赤，人无完人。""00后"的初中生作为学习成长的个体，存在缺点是难免的，但他们的可塑性是很强的，只要适当加以引导，很多时候是能转变的。所以，无论是尖子生，还是"学困生"，我们既要接纳学生的优点，也要接纳其缺点；既要接受学生积极的一面，又要接受其消极的一面。如在平时的教育教学工作中，对学习成绩差但品行好的学生，我会以欣赏的口吻通过班级表扬或班主任的评定"放大"他们的优点，让他们得到肯定和尊重，再以期望或寄语等方式指出他们今后的努力方向。心理学家认为，在一般情况下，人们都不愿接受较高、较难的要求，因为它既费时费力又难以成功；相反，人们却乐于接受较小、较易完成的要求，在实现了较小的要求后，人们才慢慢愿意接受较大的要求。

（2）对待"00后"初中生要平等

人人生而平等，这里的平等不仅指师生关系在人格上的平等，也指教师对待学生的平等。学生是一个相对独立的主体，每一名学生都是等待盛放的花朵，只是每名学生的花期或盛开的时间不同而已。作为教师应该耐心地等待，公平地对待每一名学生，让学生享受到平等的对待、平等的学习机会、平等的尊重。教师要承认每一名学生的发展潜力，面对性格各异的学生，要看到每一

名学生身上的闪光点，要尊重每一名学生的个性，包容他们的缺点和错误，理解他们的困惑和苦恼，无差别地对待他们，绝不轻视每一名学生。另外，教师在与"00后"初中生交往时，如果首先表明自己与对方的态度和价值观相同，就会使对方感觉到你与他有很多的相似性，从而很快地缩小与你的心理距离，从而更愿意同你接近，进而与你结成良好的人际关系。

（3）对待"00后"初中生要真诚

真诚是人与人交往的重要法则，初中生虽然涉世未深，但也能从中学习和感受真诚。所以教师在与学生的交往中，要真诚地表达帮助学生进步的想法，让学生感受你的真实和诚意，从而转化为内心的自觉，继而落实为行动上的转变，这远比说教更有效果。但是真诚也不是一味地没有原则、没有是非观念地放任学生，该坚持的原则必须坚持，该坚守的底线不容挑战。同时要运用好"热炉法则"，让学生保持一定的畏惧。这样，学生碰壁了，知错能改；没碰壁的学生，也能从中学习、保持对教师的敬畏之情。

教学是一门学问，应该落实在具体的工作中。今后，我将一如既往地呵护关心我的学生，遵守我的承诺与学生一起成长。我也始终坚信：班主任需要针对学生的个性差异"对症下药"，做到真正的因材施教；班主任需要在坚定教师立场的前提下，与学生建立亦师亦友的关系，从"独奏者"的角色过渡到"伴奏者"的角色，帮助学生去发现、组织、管理，引导、陪伴他们一起成长。

参考文献

［1］万玮.班主任兵法［M］.上海.华东师范大学出版社，2009.

［2］魏书生.给青年教师的建议［M］.北京：北京大学音像出版社，2007.

［3］魏书生.漫谈班主任工作［M］.桂林：漓江出版社，2008.

新课程背景下如何进行中考英语复习

罗定市船步中学　邓洁红

中考复习是每一位初三教师最后阶段的教学工作，复习工作的效果直接关系学生掌握知识、运用知识能力的提高。新课程标准下的中考如何进行高效的复习，是广大教师、家长、学生十分关注的问题。时下，各种各样的复习资料各显神通，"流窜"在师生之间，让人难以抉择。有教师问："怎样才能复习好英语这一科？"笔者认为要做到以下几点。

一、要认清复习教学中的误区

1. 复习时针对性不强

复习时针对性不强，是一种通病。在有限的时间内不知道该如何开始复习，唯有按资料书的内容照本宣科。结果呢，老师说得累，学生听得烦，打瞌睡的多过听课的。

2. 复习资料顺手拿来就用，较少筛选改编

现在好多资料的深、难度都是针对比较发达地区的学生设计的。我们山区中学的消息比较闭塞，学生的知识现状本来就参差不齐，如果照搬的话，我们的学生会"吃"不消。只有选用适合的，才能让学生有点成就感，学生才会学得开心，学得放心。

3. 自编练习题较少，照搬他人的习题较多

面对不同的学生，我们必须分层次设计不同的练习题，做到常教常改，

因材施教，因人施教。

4. 词汇训练中听写较多，但效果不理想

我们大部分的学校都会出现词汇训练中听写较多，但效果却不理想的这种现象。每天从早到晚都在读、背、写，我们的学生也够勤奋、够辛苦的了，但真正能记住的却没有几个。于是，有人想放弃，有人干脆放弃。教师也没办法，这么短的时间，还能补救吗？

5. 语法复习重点不突出

一般来说，教师都会过多地关注语法的复习。中考的单项选择题会涉及15个语法知识。虽然分值不多，但15个语法知识的内容至少要一个月的时间才可以讲完，这就要考验教师的应变能力了。笔者认为，对比、研读近5年来的升中题不失为一个好方法。这样，教师就可以在复习的过程中做到有的放矢，适当取舍。

6. 考试后，批改多，分析少

教师要教会学生写解题思路，并记在错题集本子上，这会有意想不到的效果。

7. 教师极少写教学后记

曾听一位专家说：坚持写一年的教学后记会让你在不知不觉中进步，坚持写十年的教学后记你就可以成为专家了。也就是说，教学后记既是一种反思，也是一种教学经验的积累。经历一次次的实践尝试，教师自然可以得出规律，找到方法。

二、关注复习教学中的对象、内容、方法，即who、what、how的问题

不难理解，who就是九年级的学生，what就是备考什么，how是指策略方法。在复习的过程中，让学生学懂、练会，极其重要。教师不必考虑复习的轮次是一轮还是二轮；教师应该多给学生提供一些新鲜的东西，让学生在尝鲜的同时达到温故的效果。那就要求教师做到：①解读课标；②研究考纲；③

钻研教材；④找准重点；⑤定准目标；⑥有效架桥。高分有可能是低能，但低能不可能高分。教师要培养学生自主学习的能力，放手让学生自己做，让他们在有限的时间内学得更好、学到更多。课堂上的知识过关了，课后的问题就少了，作业也就少而精了，课后也就不用进行辅导恶补。教师应给学生搭建好脚手架，示范、指导、支持、反馈"四部曲"齐奏，让学生计划好自己怎样去学。

三、在复习的过程中要抓基础，重落实，针对性要强

教师可以在语法的学习中带出句型的学习，在话题的学习中带出词汇的教学，节节落实，堂堂过关，对知识的讲解有的放矢，适当取舍。"抓基础两条线，语法话题词句现；重落实跟到位，早、午、晚读成一线；针对性要牢记，勿让泛滥成灾害。"

四、讲练结合，以练为主，提高效率

中考总复习中教师要注意讲练结合，以练为主。讲与练一定要讲究"精"字，以练为主线，以补漏为主旨；精选习题，抽取规律。考点选题与讲解要透彻、精当、典型。因此，教师要做到"三精"与"两适"。"三精"是指内容精要、方法精巧、语言精练。"两适"是指适度、适量。习题要精选、精讲、精练，突出典型性和通用性。提倡教师要走出题海，让学生"脱离苦海"，同时要重视及时反馈，提高评价质量，以确保英语教学的实效性和有效性。

五、要分清课型

不是每节课拿着资料去一个劲儿地讲完就没事了。一般情况下，复习课可以分为听写课、读写课、语法实践课和讲评课。对于语法实践课来说，可按形式、意义、应用三位一体进行备课，做到有效输入—总结归纳—专项练习—综合运用。

例如，要复习形容词、副词，我就把"级差"通过小作文来体现，让学生先观察例文，再进行仿写。

又如，时态的复习历来都是比较烦琐、枯燥和乏味的。我会以时间为线索，通过小白鼠实验来让学生分清这个"时差"问题，然后再通过一系列的例句观摩，实践演练来让学生巩固。根据学生课堂上反馈的信息，我就可以对症下药了。教师讲得明朗，学生学得清晰，从而达到了事半功倍的效果。至于讲评课，则是复习课中的重头戏，一般都是教师讲得累人，学生听得乏味。我认为复习课也可以讲得精彩、练得到位。我的观点是要做到"五要""五不要"。"五要"就是要讲透错误原因，讲清答题思路，讲死语言规律，讲明答题策略，鼓足学生信心。"五不要"就是不要面面俱到，不要只顾教师讲，不要流于形式，不要赶课，不要眉毛胡子一把抓。有时，我会采取限时限量训练，有时会采用小组比赛的形式（只奖不罚），有时会让学生进行速记：让学生先听评析，等讲完一大题后再让他们将刚才老师说的分析和答案默写出来。

总的来说，复习课要在教师的指导下让学生构建知识，既要注重学习的结果，又要强调学习的过程，即点到位、练到位。要想在中考中取得理想的英语成绩，就必须有信心和恒心，必须有扎实的基础知识，摆正师生关系，做到以教师为主导，以学生为主体。要在归纳、检查、分析、对比、讨论、总结中因势利导，因材施教，从而达到提高学生自学能力，达到复习效果的目的，最终使学生在中考中取得优异的成绩。

多媒体技术在山区初中英语课堂
教学中的有效运用

罗定第四中学　　王清华

在信息时代里涌现出大量的信息化技术，这些技术被广泛地应用到初中课堂教学中。在英语学科方面，一些传统的教学模式已经不再适用，取而代之的是多媒体教学模式，这种教学方式的效果很好，广受学生的喜爱。在下文中，笔者结合多年来自身的教学经验，分析了多媒体在英语课堂教学过程中的运用。

一、多媒体技术在山区初中英语课堂教学中运用的必要性

随着新课程以及新课改的逐渐深入，初中英语课堂教学有了一个非常明确的发展方向，但是在当前的英语课堂教学中，很多教师采用的教学方式仍然是传统的灌输式教学，教学理念也比较陈旧传统。因为灌输式的教学模式过于单一，很难调动学生的课堂积极性，所以其与新课改的课堂标准有着较大的差距。

随着科技的发展，多媒体技术的出现，当前学校课堂的教学方式也在不断进步。在现代教学中，一个非常明显的发展趋势就是在教学过程中对多媒体技术的应用。学生在学习英语的过程中，已经不再被课本上的知识所限制，而是在声音、图片以及动画的帮助下，对知识进行学习，从而能更好掌握知识。

随着多媒体技术的应用，初中英语课堂教学的模式发生了很大程度的改变。传统的英语课堂教学过程中，往往是单一的教学模式，但是现在它已经不能满足当今课堂教学的需求。在多媒体技术的帮助下，课堂的教学模式正在逐渐向双向教学模式转变。

二、多媒体技术在山区初中英语课堂教学中的有效运用

1. 利用多媒体丰富课堂，提高课堂教学质量

初中阶段是学生学习英语课程的重要阶段，在这个阶段，如果学生的学习兴趣提高了，那么往后的英语学习将会受益无穷。笔者在英语课堂上常结合多媒体工具，发现课堂效果明显比传统授课模式好。

例如，在八年级上册的英语课本中，在对Unit 1 How often do you exercise? 进行教学的过程中，在开展课堂教学之前，教师首先需要做很多多媒体准备工作，通过多媒体快速展示明确的教学目标；通过多媒体视频展示学生需要掌握的单词及词组（如how often、hardly、twice、once、difference、look after、although），学习这些单词及词组的引申含义，并通过视频展示相关句型的情境，增加趣味性，加深学生的理解。在课堂教学中添加多媒体工具，让教师的课堂教学质量得以提升，同时能让学生的英语学习取得更好的效果。

2. 利用多媒体提高课堂动态性

在初中阶段，英语课本的知识内容非常烦琐和复杂，学习起来非常吃力，而且课堂上的时间也是有限的，这就更增加了学生的负担，使学生没有时间来提高自己的探究能力。但是随着现代化信息技术的发展，英语教学有了另外一种模式，教师在课堂上可以充分地利用这些信息资源，为学生拓展知识，提升教学的深广度。传统的初中英语教学是静态的教学模式，但是使用了信息技术工具之后，学生可以静、动态结合地学习，更能提升学生自身的综合能力。

3. 利用多媒体技术培养学生的学习兴趣

"兴趣是最好的老师。"有了兴趣，学生才更有学习的动力，所以在课

堂上，教师必须重视对学生兴趣的激发，才能让学生掌握到更多的知识，提升学生英语学习的动力。教师通过多媒体更能激发学生课堂学习的兴趣，让学生掌握更多的知识，感受英语世界的美妙，从而更爱英语学科。

4. 利用多媒体技术解决更多难点

在英语课堂教学过程中，教师难免会遇到一些难点问题。但是由于客观条件的限制，无法透彻地为学生讲解，学生在理解的时候非常困难，甚至无法理解。长此以往，学生会讨厌英语这门学科，对这门学科的学习没有丝毫兴趣，这样下去，教师的教学质量也会很差。为了解决这些问题，笔者在教学过程中应用了一些多媒体，在课堂上做一些模拟情境帮助学生理解课本上的知识，让学生观看一些视频，这样学生就不会把一些内容记混。通过反复地观看视频，学生对一些重点和难点都有了深入的理解和思考，更能掌握知识的重难点。

三、结语

在英语课堂教学过程中结合多媒体技术开展教学后，初中英语课堂教学模式有了全新的发展，顺应了新课程改革，更多的教学资源被有效利用。山区学生对英语这门课产生浓厚的学习兴趣，英语知识的掌握能力提高了，学生的英语综合运用能力也提升了。

参考文献

［1］史孟岩.浅析山区初中英语教学多媒体的有效运用［J］.校园英语，2016，15：5–16.

［2］李鹏程.山区初中英语教学多媒体的有效运用的探究［J］.考试与评价，2017，15：1–5.

［3］张田.探讨山区初中英语教学多媒体的有效运用措施［J］.教育教学研究，2015，7：130.

初中英语课堂内、外评价活动的设计与实践

罗定第二中学　傅月红

在传统的评价性教育活动中，教师往往只注重学生的考试分数，但从学生的角度上来看，这样的做法不仅让学生失去了学习的兴趣和自信，还阻碍了初中英语教育课程的发展。课堂内、外评价活动作为新课改下的一种教育方式，通过观察学生课堂上的表现以及其对知识的接收、课后自主学习以及作业完成度等方面进行评价，进而分析总结学生的学习情况。这种新的教学方式，可以提升学生的学习能力，培养学生的学习素养。教师在评价中反省和调整，使初中英语课堂教学变得更加有趣且有效，更能提升学生学习的积极性和主动性。当前，如何在初中英语课堂中形成内、外评价活动，已经成为教师群体广泛热议的问题。

一、英语课堂内、外评价活动

1. 定义

文章提出英语课堂内、外评价活动主要是指英语课堂中，教师通过对学生在课堂内与课堂外学习情况的观察，对学生的学习进行评价，再通过反馈的问题，在英语课堂内、外的教学中做调整，优化教学模式，实现教学目标。

2. 优势

英语课堂内、外评价活动的优势主要在于其完整性、时效性和发展性。完整性是指英语课堂内、外评价的长效性，教师在整个学期内，都会对学生的

学习进行全面监管，保证了对学生学习情况了解的完整程度，保证了教育评价的效果。时效性是指在不同阶段不同学生对学习的接受能力不同，教师要通过日常评价，对每名学生每一阶段的学习接受能力进行分析，在有效的时间内对学生进行调整性或补充性教育，缩短学生之间的差距。发展性是指教师在把握完整性和时效性的过程中，激发学生学习的潜能，引导学生进行自主英语阅读学习，增强其自身的学科素养。我认为，教师在英语课堂内、外的教学中，需要指定不同的评价标准，充分发挥评价教育活动的教育价值，让其在学生教育目标达成中发挥更佳作用。

3. 可行性

英语课堂内、外评价活动在初中英语教学中的可行性非常大，通过评价活动，可以增强学生的学习动机，监管学生的日常学习，关注学生的学习发展，及时对学生的学习情况进行反馈。学生自主参与，教师评价之余提供平台让学生自我展现，能够增强学生的学习自信心。形成评价活动时，教师和学生进行交流、学生与学生之间进行交流，能够增强学生合作学习的能力。

二、初中英语课堂内、外评价活动的设计

1. 建立学生英语学习电子档案

为了更加清晰地看见学生学习过程中的进步以及不足之处，英语教师在对学生日常英语课堂内、外学习表现，学习成果，知识接受能力观察时，要做出综合性的评价，并形成学生英语学习的评价电子档案。通过评价电子档案，教师可以分点来记录学生的进步方面、不足方面，教师还可以进一步地完善评价电子档案，即对学生英语课堂内、外学习评价的优缺点进行综合性分析总结，并提出解决方法，设定下一阶段的教学目标。

电子档案的反馈情况，让教师有依据地对学生的英语课程进行因材施教，提升学生对知识的掌握能力和英语课堂的教学效率。例如，教师可以设定一个星期为一个周期，对学生在本星期内的英语课堂学习和课后学习以及阶段性考试情况进行评价。教师通过对评价的分析和总结，整理出学习能力相对弱

的学生名单，一对一与学生进行感情交流和学习交流，通过交流深入了解学生在英语学习上的问题，鼓励并帮助学生提升他们的学习成绩，引导学生身心健康成长。这种评价性活动，缩短了教师与学生之间的距离，同时学生因为得到教师的重视会对学习英语更为主动。

2. 建立互评性教学课堂

初中时期的学生，学习环境对其影响非常大。学生与学生之间的交流和学习是学生学习的最大影响力之一，学生对学生的影响往往更能激发学生学习的兴趣。在英语课堂教学中，教师可以开展学生相互间的评价活动，通过相互评价的教育性活动，激发学生学习的热情。互评性教学课堂，让学生成为评价的主人；互相评价能够让学生从别人的角度评判自己，知道自己学习的优缺点，私下进行学习和改正。除此之外，学生通过对身边同学进行观察评价，受到同学一些好的学习习惯和学习方式的熏陶，渐渐地会采纳别人良好的学习方式，让自己变得更优秀。扬长补短是互评性教学课堂的另一优势。

3. 随时进行教学评价

在英语课内、外教学课堂中，教师的教学评价也十分重要。在课堂上，教师可以直接对学生的问题和课堂学习态度进行回答与评价；在课堂外教师可以对学生课后作业以及家长反馈课后学习情况进行评价。评价是教师对学生学习的肯定，评价能让学生得到教师的认可和关注，也能让学生了解自己不足的一面，激发学生继续学习英语的动力。例如，教师可以通过对学生随堂小测试成绩的记录，表扬成绩提升比较快的学生和成绩前三的学生，让优秀学生成为榜样，让其他学生在英语学习中更加努力。

4. 引领学生进行自我评价

学生的自我评价是教师在英语课堂内、外评价的参考。学生自我评价是指学生站在自己的角度上，进行自我反思、自我判定，对自己的学习情况进行分析、总结。学生通过自我评价，客观地正视自己的不足，自主进行改变，提升了自身的学习素养。教师通过学生的自我评价，可以观察学生能否客观正视自己的不足，并帮助学生进行自我判定，改掉学习中的坏毛病。例如，在改完学生的单元测试卷后，可让学生进行自我评价和总结，让学生自行分析错题，寻找正解。在此过程中，教师要加强对学生的观察，对不能自己寻找出错题原因的学生进行引导性教育，帮助其加强巩固知识。

三、初中英语课堂内、外评价活动的实践

1. 开展直接评价活动

在英语课堂教学中，教师要善于对学生进行及时的语言评价。在课堂上直接对学生学习评价可以提升课堂的活跃度，同时使学生对学习提起兴趣。教师在英语课堂教学时，一开始就提出"Have you read this book before"来吸引学生的注意力，随后给学生安排阅读任务，通过阅读任务的回答，直接对学生进行评价，活跃课堂气氛，让学生的学习兴趣变浓厚。初中生正处于青春期，是一个特别渴望得到教师肯定的年纪，教师的赞扬会带给学生莫大的勇气与自信去克服学习中遇到的种种困难。在日常英语的课堂教学中，教师要多称赞学生，多给予学生鼓励，激励学生自主学习，提升教学质量。

2. 分值评价法

（1）评价值日生报告。如今，英语口语尤其重要，是英语教学中的一大难题。有些教师为了提升学生的英语口语，让学生有机会讲英语，在课堂前五分钟要求学生用英语进行值日报告。这是一种很好的锻炼学生英语口语的方式，但是某些教师只注重其形式，对duty report 没有进行合理的机制性评价，导致学生对其失去了兴趣。运用分值评价法评价值日生报告，将会极大促进学生对make a duty report 的积极性。在积极性的促使下，学生会主动提升自己的口语。

（2）评价听写和阅读。听写是英语教学的基础，没有词汇量的支撑，英语学习的开展会非常困难，阅读是英语得分的"大头"，阅读能力的高低是英语水平差距的体现。在课堂内、外评价活动中，听写一般是单词和词组听写，教师可以在课堂内先听写，然后再进行评价；或是安排家庭作业，让家长代替进行评价。通过评分评价能体现学生对单词和词组的掌握度，督促学生课后去

记忆。阅读的评价可以通过在课堂上给出问题、限定时间让学生自主阅读后回答问题的方式进行评价；或是通过布置课后短文阅读作业，对作业进行分值评价来反映学生阅读能力的高低，以寻找更好的方法帮助学生提升阅读能力。

3. 学生互评

在英语课堂学习中，教师可以通过让学生观察班级里面其他同学的学习方法，进行随堂或是周期性的学生互相评价活动。例如，在完成了初中英语有关"teenager's problem"这一话题的学习后，教师可让学生对班级里面的同学进行学习评价活动。学生对同学的缺点进行评价，可以反思自己是否会出现同样的问题；对同学的优点进行评价时，会想到自己是否也达到同样的程度。这样一来，不仅提升了学生的英语学习能力，也拉进了学生彼此之间的距离。

四、结语

综上所述，开展英语课堂内、外评价活动，教师能够更加深入地了解学生在学习过程中出现的问题，并通过分析总结，调整教学模式，完成英语教学目标。同时，英语课堂内、外评价活动也有助于学生消除英语课堂学习的沉闷感，增强初中生对英语学习的动力与兴趣，为教学目标的实现奠定基础。

参考文献

［1］李晴. 初中英语课堂应用形成性评价之实践［J］. 英语广场，2017（11）：134–135.

［2］吴云. 形成性评价优化初中英语课堂教学的探讨［J］. 科普童话，2016（24）：86.

［3］董蓉蓉. 形成性评价在初中英语课堂教学中的应用［J］. 校园英语，2015（35）：188.

［4］许琦. 新课程标准下初中英语课堂教学形成性评价方法研究［J］. 中国科教创新导刊，2013（21）：131.

后 记 ▶

在《初中英语教学与备课策略研究——黄宇明名教师工作室教育文集》一书出刊之际，从内容策划到资料整理，从编辑到成书，从制版到印刷，可谓环环相扣，每一个环节都很重要。点点滴滴，都凝聚了我们工作室每一位成员的心血，更践行了我们"共行远"的理念！

工作室成立的那些画面，恍如昨日，历历在目——2018年4月20日，在广东省罗定市廷锴纪念中学会议室，"广东省黄宇明名教师工作室"揭牌仪式暨工作室团队集中培训活动顺利举行。

依稀记得，广东省罗定市教育局陈立强副局长为工作室对罗定市英语教育做出的贡献给予肯定，同时对"黄宇明名教师工作室"充满期待，并提出两点要求：一是充分发挥工作室的作用，在教育教学工作中成为培养名师的摇篮、教学教研的基地、相互交流的平台、引领示范辐射的中心；二是尽快完善工作室的规章制度和健全工作室的考核方案。就如何加强工作室建设提出具体要求，强调工作室主持人要带领工作室团队成员勤学习，在学习中不断提升自己，使自身的专业水平上一台阶，从而带动跟岗骨干教师的专业发展，真正为罗定、云浮乃至粤西地区教育起到引领、示范、辐射作用。

一年以来，工作室以"独行速、共行远"为团队信念，以"相互学习、教学相长、共同发展"为团队理念，为实现"四个一"预定目标，为所在学校、罗定市乃至粤西地区的英语教育整体水平的不断提高而努力奋斗着。

团队的每一位成员深知，课堂是教师的工作阵地，作为一名教学工作者一定要不断地学习，充实自己，不断创新，因为只有以更加丰富的教学内容和表现形式在课堂上吸引学生，才能让课堂教学的效果更好。

在此期间，我欣喜地看到，工作室的老师们正以"学高为师，身正为范"为准则,在教育教学的道路上用心播撒爱的种子;我欣喜地看到,学生们正用辛勤的汗水、自信地走在智慧英语的道路上。

该书得以顺利出版,我要感谢各级领导对我们的信任和支持,感谢各位工作室成员的不懈努力和团结互助,感谢编辑对内容和细节的专业把控,感谢所有参与该书出版工作的朋友们,是大家的点滴付出,成就了今天的这本专著成果。当然,由于时间和认知的局限性,书中所提及的内容难免存在有待商榷的问题,欢迎广大读者提出宝贵意见和建议,在此深表感谢。

新的征程,我将一如既往地心系教育,满怀激情,静待花开!

编 者

2019年3月